敗戦国・日本とドイツ
戦後70年でなぜ差がついたのか

クライン孝子
Takako Klein

祥伝社

敗戦国・日本とドイツ　戦後70年でなぜ差がついたのか

本書は二〇〇九年九月、小社から出版された『大計なき国家・日本の末路』を改題し、大幅に加筆・修正したものです。

まえがき

今年（二〇一五年）は日独両国が第二次世界大戦で敗戦国となり、国のほぼ九割近く焦土化されて七〇年目に当たる。

さっそくロシアでは五月九日「対独戦勝七〇周年記念式典」を、中国では九月三日「抗日戦争勝利七〇年式典」を挙行した。

ところがこの両式典だが、皮肉なことにおおむね国際社会では失敗だったと見ている。日独両国の首脳が欠席するのは理解できるとして、米国をはじめとする西側諸国の首脳までが揃って欠席してしまったからだ。恐らく、西側では両国の自国自画自賛プロパガンダ式典を、事前に式典の意図を把握し、付き合いきれないと判断したからに違いあるまい。

これをして何と解釈すべきか。

まさしく日独両国の「面目」躍如たるものがあり、戦後七〇年における「日独勝利」とはこのことをいうのではあるまいか。

だからといって有頂天《うちょうてん》になって喜ぶわけにはいかないのだ。

この日独両国に至っては、どちらも、かの戦勝国をしのぐ力量を発揮すると、寄ってたかってイジメられるからだ。

そういえば、日本がその標的にされたのは一九八〇年初期からで、きっかけは日本車大量輸入により壊滅的な打撃を被《こうむ》った米国が議会で、スーパー三〇一条を可決し輸入関税を大幅に引き上げたからだ。以後、対日本市場開放を迫るかたわら、その延長線上で国際サイドでの大々的なジャパン・バッシングを展開し、結果バブル崩壊を招来し、失われた「二〇年」ならぬ「三〇年」という長きにわたって、七転八倒の辛酸《しんさん》を舐《な》める羽目に陥った（このことは日本人なら誰一人として知らぬ者はいまい）。

ところがどう心変わりしたものか近頃の米国は、日本に対し、ことほどさようにイジワルをしなくなっている。

その代わりに標的になっているのがドイツである。

ドイツ統一達成二五年目の二〇一五年にして、再び、「強い国」として国際舞台に躍り出てその真価を発揮し始めたからで、今度は英仏両国が加わり密かに手を組みドイツたたきを始めている。

日本もその尻馬に乗って、たとえばエマニュエル・トッド著『「ドイツ帝国」が世界を破滅させる』がベストセラーになるなど、ドイツたたきを助長するムードに一役買っているのだから、救いようがない。

何のことはない。この一連の日本における反ドイツキャンペーンだが一皮むけば、第二次世界大戦戦勝国によって意図的に仕組まれた「敗戦国日独離間工作」で、そのことに一向に気が付かない日本人のノンポリさ！　付和雷同ぶりたるや、何をかいわんや！

これ、まさに戦後七〇年目がもたらした「平和ボケ」の象徴でなくて何であろう。


一方、そうと素早く察知したドイツ！

つい最近「ドイツ統一二五周年記念式典」をベルリンではなく、フランクフルトで開催した。こうすることで、かつての戦勝国をいたずらに刺激し、敵意を助長しないようにと配慮したのである。

この涙ぐましいまでの気の遣いよう！

本書はそうしたドイツの微妙な欧州かつ米国における立ち位置について、戦後の日独両国のそれぞれの歩みを比較しつつ検証しまとめた。

その私の意図するところをいくらかでも、読者の皆様に汲《く》み取っていただければ幸いである。

二〇一五年十一月、戦後七〇周年記念によせて

クライン孝子《たかこ》

目　次

2章　ドイツ人捕虜一一〇〇万人の運命
——悲惨な抑留体験から見る戦争の本質

3章　ドイツはなぜ、反論を封印したのか
――一般市民一二〇〇万の過酷体験からドイツが学んだこと

7章　再軍備と旧軍人の処遇
――旧軍人を復興に活用した国、社会から葬った国

8章　国家の自立、政治家の責任
――なぜ日本は目先しか見えず、国益を失うのか

9章　国運を左右するメディアの責任
――なぜドイツは、報道の質に対する要求レベルが高いのか

装幀 盛川和洋

1章　戦後ドイツの「国家百年の計」

——大欧州連合の構想は、どこから生まれたか

ヤルタ会談の屈辱

第二次世界大戦でのドイツ敗戦は一九四五年五月八日だった。日本は三ヵ月後の八月十五日に終戦を迎える。

これに先立ち、戦勝国である米英ソの三ヵ国は、一九四五年二月四日から一週間にわたり、ソ連クリミア半島ヤルタの旧帝政ロシア・リバディア宮殿で、最終的な戦後処理に関する討議を行なうため、会談を開催した。参加者はルーズベルト、チャーチル、スターリンであり、この会議では、戦勝国にフランスを新たに加えることを了承して四ヵ国としたうえで、主に次のような合意に達した。

1．降伏後のドイツを、米英仏ソの四ヵ国で分割占領し、統治は連合国管理委員会が担当する。

2．ポーランドやチェコスロバキア、ハンガリー、ルーマニアなどドイツ占領から解放された地域では、自由選挙に基づく民主的な政府を樹立する（その実、これらの国ではソ連主導の共産党一党独裁政治を導入することになった）。

3．ソ連のポーランド東部占領により、代償としてポーランドは旧ドイツ領土を取得（これによりドイツは旧領土の四分の一を喪失）。

ちなみに日本に関しては、以下のような取り決めが結ばれた。

1. ソ連はヨーロッパ戦争終結後、九〇日以内に対日宣戦布告する。
2. ソ連のサハリン（樺太）南部、千島列島、中国大陸での権益獲得。

この会談では、すべてがスターリンの思惑どおりに運んだ。
ソ連は広大な周辺領土を手に入れたばかりか、東欧諸国一帯をその隷属下におくことに成功した。

一方アメリカも、戦争景気に酔いしれ、史上かつてない経済繁栄を謳歌《おうか》し、世界の覇権国としてその地位を揺るぎないものにした。

それにひきかえ、戦勝国だったとはいえ、イギリスなどは、かつての栄光が失われ、大英帝国とは名ばかりとなってしまった。戦後復興もままならないまま、アメリカのマーシャル・プランによる欧州復興計画に依存するしかない有様だったからである。

大欧州連合構想の誕生

加えて、二十世紀に入ってからというもの、戦争の様相が一変してしまった。第一次世界大戦も第二次世界大戦も、たとえ主戦場は欧州大陸だったとはいえ、もはや欧州人間同士のみの戦いではなく、戦火はアフリカ、中東、東アジア、太平洋、大西洋、インド洋にまで及ぶ地球規模の戦いと化した。

しかも第二次世界大戦では、ドイツが密かに進めていた核開発をアメリカに横取りされた上に、あろうことか、枢軸国である日本のヒロシマとナガサキにその原子爆弾を投下され多大の被害を被《こうむ》った。

その核兵器の被害が欧州に及ばないよう、再び欧州、とりわけ欧州大陸が戦場にならないようにするにはいかにすべきか。結果は欧州を一つにするしかない。つまり「欧州は一つ」というスローガンのもと一致団結してことに当たる。これしか欧州の将来における選択肢はないというある種の悲壮感がもたらした発想で、そこで持ち上がったのが「大欧州構想」だったのだ。

では第二次世界大戦後のその欧州の「大欧州構想」＝欧州一体化事業とは、いったいどのようなものだったのだろうか。

まずこの欧州連合構想の発端、つまり動機は、それまで犬猿の仲だった隣国同士の独仏両国が、その怨念《おんねん》をあえて歴史という箱に閉じ込め、水に流し、粛々と「仲良くして手を繋《つな》ごう」という構想で、当初は、仏独伊、それにベネルクス三国を加えた六カ国が参加し、欧州経済共同体（EEC）として、一九五七年にスタートした。

その後、欧州連合（EU）と名称を改め、二〇一三年七月にクロアチアが加盟したことで、欧州連合は合計二十八カ国という大所帯となったことは周知の事実である。

とりわけ一九八二年に政権に就いた西ドイツ首相コールは、フランスとの同盟強化に努め、コール首相就任一年前一九八一年にフランス大統領に選出されたミッテランとは、第一次世界大戦の独仏激戦地ヴェルダンを訪問し、二人で手を繋いで戦死者を鎮魂し両国の友好を誓い、「独仏枢軸」といわれるまでに密接な関係を築き、二人三脚でEUの発展に尽力してきた。

逃亡者防止のためにつくられた「ベルリンの壁」

その欧州連合が一挙に躍進したのは、一九八九年の「ベルリンの壁」崩壊が契機だった。この『壁』崩壊が起爆剤となって、ドイツは東西ドイツ統一を達成し、それまでソ連の隷属下にあった東欧諸国がソ連と手を切り、我も我もと欧州連合の傘下に入ってきたからだ。

俗にいう「東欧革命」で、第二次世界大戦後、ソ連の衛星諸国としてその追随を強いられていた東ドイツ、ポーランド、ハンガリー、チェコスロバキア、ルーマニア、ブルガリアなどが、この『ベルリンの壁』崩壊を契機に西側に流れ込むという、この時期、まさにドミノ現象による共産党政権崩壊という象徴的な出来事だった。

そういう観点からすると、一九八九年十一月九日の「ベルリンの壁」崩壊は、自由社会への回帰であり、まさに「人間解放革命」とも言うべき世紀の大転換であり大事業であった。

その忌むべき「ベルリンの壁」が構築されたのは、一九六一年八月十三日（日曜日）の未明だった。

重装備した東ドイツ側の国家人民軍や、人民警察官に見守られながら、社会主義統一党決死隊員が東西ベルリンの境界線に集結。いきなりハンマーとドリルで舗装路を剝がし、その石でバリケードを築き、有刺鉄線を張り巡らしはじめた。

サイレンが鳴り響き、続いて西ベルリンの警察隊が、境界線に到着した。東西ベルリンの境界線を挟んだ主要道路である大通りという大通りは、見る見るうちに戦車や軍隊を乗せたトラックで埋めつくされた。

騒ぎを聞きつけた東西ベルリン市民が境界線に続々と集まってきた。最後の決断とばかり、東ベルリンからパジャマ姿や裸足のまま『西』へ飛びこんでくる市民もいた。境界に面したアパートのまどからも東ベルリン市民が、西側市民の手を借りて次々と飛び降りてきた――。

当時のニュース映画で、世界中の話題をさらったシーンだった。

理由は、「壁」構築直前には、東から西ベルリンへの逃亡者は週に四〇〇人から五〇〇人に達していた。しかも、逃亡者の多くは年齢的に若く、医師、技術者などインテリ層の人間が多かった。そのため、東ドイツ政府は東西ベルリン間に「壁」を構築することで、逃亡者防止を謀ったのだ。

にもかかわらず、逃亡者は後を絶たなかった。その都度、東ドイツ官憲はまるでいたちごっこの様相で、一歩たりとも譲歩を許さず、より強固な厚い「壁」に作り変えていった。

ちなみに、当時の崩壊直前の資料に目を通すと、

『壁』の長さは、西ベルリンの周囲を囲む形で全長一六五・七キロメートル、さらに東西ドイツ国境では全長一三九〇キロメートルにわたり構築。特に逃亡者の多く、それゆえに取締りの厳重な東西ベルリンの境界では、高さ三・五ないし四メートルのコンクリート壁に作り変えられ、先端に直径三〇センチないし四〇センチの円筒がとりつけられた。下

からよじ登って逃げようとしても頂上が円筒なので、つかまることができないようにするためにである。

そのうち二〇一・七キロにわたって二重壁に、その間に地雷が埋め込まれた。さらに大型の頑丈なトラックで一挙に鉄条網を突き破られないように、深さ五メートルの溝が鉄条網に沿って掘られた。逃亡者の足跡を発見しやすくするため、幅五メートルの砂道も作られた。

その他にも、高さ三ないし四メートルのベルリン以外の東西国境一帯に鉄条網が張り巡らされた。鉄条網には一・五ないし二メートル間隔で六〜十二ボルト、〇・二〜〇・四アンペアの電流が通じていた。それら鉄条網はサイレンや自動殺人発射機『SM70』が連結しており、逃亡者が鉄条網に触れると、ダムダム弾に似た弾丸が自動発射され、命中したらまず助からないという恐るべき機械である。これが鉄条網七・七メートルに一カ所、しかも一カ所に上中下と三台すえつけられており、そのうちのどれかに触れると発射される仕組みになっている。この『SM70』を設置した鉄条網は全長四二〇キロ、その数は約六万個にも及んだ。

そのうえ、一〇四三箇所に、監視塔と見張り台が設置された。これに警察犬が一〇〇〇四、『止まれ』と命令してもなお逃亡するものは自由に射殺してよい、と認められている約四万七〇〇〇人の国境警備隊が常時見張っている」

にもかかわらず、この「ベルリンの壁」を越えて西へ逃げようとして一九二人が命を落としている。

私もベルリンの壁によじ登り「フラー」と叫んだ

ようやく、二八年間もの長きにわたって東西ドイツ人を引き裂き、苦悩のどん底に陥れた悪しき「ベルリンの壁」が崩壊したのである。

その歓喜と狂喜は筆舌に尽くしがたいものがあった。

実は私もその一人だった。

「ベルリンの壁」をテーマに三年半にわたって取材し追求し、この「壁」崩壊の二年前の一九八七年にその悲劇の実態をまとめて『自由買い―1963年ベルリンの密約』を上《じょう》梓《し》していたからで、「ベルリンの壁」崩壊のニュースがテレビで流された直前、当時、ボン所在西ドイツ連邦議会会期中で、全西ドイツの国会議員全員が即座に起立し、自然発生的にドイツ国歌の斉唱が始まったのを目撃し、思わずもらい泣きしてしまった。

さっそく、その三日後にはベルリンへ出掛け、「ベルリンの壁」で最も頑強といわれた高さ三・二メートル、幅一メートルのブランデンブルク門の前（ブランデンブルク門は東独に属していた）の壁に、みんなに手を貸してもらいよじ登り、彼ら若者たちとスクラムを組んで『フラーフラー』（万歳）と叫んで喜びあった。と同時にさすがにこの時は、口に出さなかったものの、誰も彼も、「この先はドイツ統一しかあるまい」と信じて疑わなかったのである。

コール首相が大急ぎでつくりあげた「ドイツ統一十カ条プラン」

その声なき声に押され、「ベルリンの壁」崩壊直後、ポーランドのワルシャワでこの国の要人と会議中にこの吉報を知ったコールは、会議の続行を同行中のゲンシャ外相に託すと、直ちにドイツへ帰ってきた。そして、側近数人と「ドイツ統一」グランドデザインを練っている。その後、十一月十七日、当時のアメリカ大統領ブッシュ・シニアと接触し、彼のゴーサインを得るや、今一度、ドイツ統一プランの内容を確認するために自宅に持ちかえり、妻とともに、テキストを仕上げ十一月二十八日、ボン・西ドイツ連邦議会で「ドイツ統一十カ条プラン」として公表した。

この「プラン」に関しては、ゲンシャ外相でさえ、当日の発表で初めて知ったという極秘ぶりで進められた。コールは急を要すると判断したからだ。ではなぜコールはこのプランを急いだのか。すでにある筋から、旧ソ連に関するゴルバチョフ情報を密かに得ていたからだ。

そのゴルバチョフが五四歳の若さで旧ソ連のトップ書記長に就任したのは一九八五年のことで、その際、彼は、「グラスノスチ（情報公開）」と「ペレストロイカ（再構築）」を看板に、疲弊しきったソ連経済の立て直し、とりわけ農業組織改革、科学技術発展を重要視し、最新技術、たとえば学校教育における積極的なコンピュータ教育導入を図るばかりか、同時にこうした改革の壁を頑なに閉ざしている膨れ上がった軍備縮小に乗り出しメスを入れると宣言した。

実はこれにはそれ相応の理由があった。これこそアメリカによる対ソ連崩壊作戦だったのだ。

主な理由は二つある。

一つは、イラン大使館不手際事件ですっかり国民からそっぽを向かれたカーター政権の後を引き継いで、一九八一年、共和党のレーガンが米大統領に選出されるや、彼は真っ先に、ソ連を「悪の帝国」と名指しで非難し、「力による平和」と呼ばれる一連の外交戦略でソ連と対峙《たいじ》すると宣言し、真正面からぶつかり対抗するハード路線を行使し、ソ連弱体化を狙った。そうすることで、この際一挙にアメリカ一国世界支配転換を図ろうというのである。

具体的には、アメリカが大幅に国防予算を増額することで、ソ連の軍備拡張ライバル意識を煽《あお》り立て、結果的にソ連の国家財政を破綻《はたん》させ、これにより一挙に、ソ連経済を疲弊させ崩壊を狙う作戦である。果たせるかな、一九八〇年代中頃には、すでにソ連の財政赤字は天文学的ともいわれるまでに肥大化し、危機的状況は時間の問題とされていた。その疲弊しきったソ連回復解決の最高指導者としてゴルバチョフが登板したというのである。アメリカにとっては対ソ軍拡作戦が的中したことで笑いが止まらなかったのだ。

二つ目は、片や、ソフトな攻撃作戦として宗教を前面に出し、ソ連攻撃に利用したことだ。つまり、ソ連の衛星国ポーランドから、ポーランド人初のローマ教皇ヨハネス・パウルスII世（在位一九七八年十月十六日～二〇〇五年四月二日）を選出することで、ソ連崩壊の道筋を宗教がらみでつけようというのだ。

共産主義国では、マルクスが主張するところの「宗教はアヘン」をもとにソ連を筆頭に、キリスト教といえども、いやキリスト教だからこそ、オモテムキ宗教活動は禁止されてきた。カトリックカラーの強いポーランドもそうだった。

ところが何と、よりにもよって、その共産国ポーランドから教皇を選出することにしたのだ。

これはひとえに、アメリカ諜報機関の狡猾《こうかつ》な対ソ崩壊工作の一貫で、それゆえに、その効果がてきめんに現われ、ポーランドでは民衆サイドによるナショナリズム＝反ソ連ムードに火がついたばかりか、これが体制の土台をゆさぶり、やがて、一九八〇年に入ると独立自主管理労働組合「連帯」による国内改革への要求の声が日増しに強くなり、近隣の東欧諸国にまで飛び火し、ついに、「ベルリンの壁」をも崩壊させることになってしまった（聞くところによると、アメリカはポーランドから教皇を選出した直後より、頻繁《ひんぱん》にアメリカの当時のCIAケーシー長官がバチカンに出入りし、教皇と密談をしていたという）。

こうしたアメリカのソ連崩壊シナリオの中で、そうと知らず（いやたとえ知っていたとしても知らぬふりをすることで）、ゴルバチョフはレーガンと、ジュネーブ（一九八五年十一月）、レイキャビク（一九八六年十月）、ワシントンD．C．（一九八七年十二月）、モスクワ（一九八八年六月）と四度にわたって首脳会談を行なっている。議題はいずれも軍縮問題で、それゆえ、アメリカはソ連から核兵力・通常兵力・対東欧諸国政策において大幅な譲歩を引き出すことに成功したばかりか、ソ連にとって重荷となっていた東ドイツを含めた東欧衛星国にも触れ、アメリカの助けを借りる方向で話をつけている。

それだけではすまなかった。例の「グラスノスチ（情報公開）」がソ連にとって仇《あだ》になり、こうしたソ連の危機的状況が、西側諸国にも一部、ツツヌケになり広く知られてしまったことだ。

西ドイツのコール首相もその一人で、だからこそ、脱兎《だっと》のごとくドイツ統一事業に乗り出して、例の「十カ条プラン」の公開に踏み切ったのである。

ドイツ統一に「絶対反対」と叫ぶ鉄の女・サッチャー

ところが、事はそう簡単に進まなかった。

この「ドイツ統一」に真正面から強硬に「絶対反対」を述べる人物が登場してきたからだ。一人はイギリス首相サッチャーで、それまで対ソ連共産主義体制強硬姿勢ゆえに「鉄の女」としてその名を世界に知らしめたサッチャーの一八〇度、踵《きびす》を返した変節ぶりであり心変わりであった。

彼女は、「ベルリンの壁」崩壊と同時に東欧諸国のソ連離れが急速に進み、それまで西側の軍事機構「北大西洋条約機構」と対峙《たいじ》し、東の軍事機構として恐れられ一目置かれていた「ワルシャワ条約機構」解体の様相を目の当たりにしたことで、「これは我々西側諸国が望むところではない」と、さっそく反ドイツ統一運動に乗り出したのだ。

まず、サッチャーは、一九八九年九月(「ベルリンの壁」崩壊二カ月前)、ゴルバチョフと密談するためソ連を訪問している。そこで彼女はゴルバチョフに、こう打ち明け忠告したと、後日、ゴルバチョフが打ち明け話をしている。

それによると「自分は統一ドイツなど望んでいない。第二次世界大戦後、ポツダム会談で戦後世界秩序のためにドイツの国境線の線引きをし、ドイツを冷戦の最前線におくことで、東西における平和維持のパワーバランスに尽力をしてきた。それなのに、ドイツ統一はそのパワーバランスを必ず踏みにじる危険要因となる。ドイツはせっかく戦後構築した我々の国際平和を壊し世界の安全保障の危機を招くに違いない。もしドイツ統一が実現しそうになったら、ソ連部隊をできる限り長く東ドイツに駐屯させることだ。なぜならいずれ、反ドイツのためにソ連の東ドイツ駐在部隊が必要になるから」と……。

コールの回想記にはこのような一節もある。

「一九八九年十二月、シュトラウスブルグの欧州議会でEUのトップ会談が開催されたときだった。サッチャーに対し、私コールが『マーガレット・サッチャーといえども二つのドイツがその統一という目的地を目指すことは止められない』と言ったところ、サッチャーは、怒りに我を忘れ、足を踏みならしながら、『それはあなたの考えよ。我々は二度にわたって、ドイツを打ち負かした。それなのに、再びドイツが生き返るって』と叫んだ。次に会った時には、サッチャーはハンドバッグから欧州の地図を取りだし、色が付けられていた箇所（ドイツが戦後ポーランドに割譲させられた領土）を私に示しながら、『ドイツはこの旧ドイツ領（多くは現ポーランド領土）の全部とチェコスロバキアを併合しようというのね』と言った」と……。

その彼女だが、当時のフランス大統領ミッテランとも、再三会い、その都度、次のように忠告している。「ドイツはなぜ、分断国家にされたのか、それはフランスなら百も承知のはず。それなのに、ドイツがあの戦争を始めたという教訓を、今やすっかり忘れてしまった。そのドイツの統一だが、たとえそのような動きがあっても、できるだけ先延ばし作戦を実行することだ」と……。

ミッテランとて、「統一ドイツ」には反対で、サッチャーにアドバイスされるまでもなく、「今回ドイツが統一すれば、ヒトラーよりも広大な領土を手に入れるであろう、そしてそのドイツの成果にヨーロッパは耐えなければならないことになる」と語り、一見コールと仲良くしているように見せかけながら、実はコールのいないところでは、しきりに反ドイツ統一を唱え、妨害工作に専念していたのである。

そんなミッテランをとっくに見抜いていたコール！　公には決して口に出すことはなかったものの、「裏でドイツ再統一の足を引っ張ったタヌキおやじ」とこぼしていた（と、これは、私が親しくしていた知人のジャーナリストから聞いたことがある）。

ドイツ統一のための賢明な判断と譲歩

とはいえ、時代の流れは、確実に「ドイツ統一」に向かって有利に働いていた。

レーガンの後任として新しく米大統領に選出されたブッシュ・シニアとゴルバチョフが、「ベルリンの壁」崩壊後、地中海のマルタ島で初の首脳会談を行なったのは一九八九年十二月二日と三日だった。

この時、両首脳は、第二次大戦後の冷戦終結を宣言すると同時に、米ソ関係が新時代に入ったことを確認している。

そうなのである。このチャンスを逃してはならぬと人間機関車のごとく超スピードで、ドイツ再統一レールを遮二無二疾走し始めたのが、ほかならぬコール首相だったのだ。一九九〇年九月十二日のことだった。

「ドイツ再統一」を前提に、ドイツ最終規定条約が、第二次世界大戦の戦勝主要四カ国である米英仏ソおよび東西ドイツの代表者により、戦勝連合国とドイツとの停戦協定および平和条約「二プラス四条約」としてようやく署名にこぎつけた。

この条約の合意により、
一．米ソ英仏四カ国はベルリンを含めてドイツにおいて保持してきた全ての特権及び優先権利を放棄した。その結果、ドイツは完全主権を獲得した。

二．第二次世界大戦後にポーランド領とされた東プロイセンやシュレジエンなど（東プロイセン北部はソ連がカリーニングラード州として併合）のオーデル・ナイセ線以東における領土請求権を再統一ドイツは完全放棄。

とりわけ二．に関してはサッチャーやミッテランのみならずポーランドや旧ソ連の疑心暗鬼を取り除く安心材料になっただけに、彼ら戦勝国はひとまず、胸を撫で下ろしほっとしたものだ。

それだけではない。コールはドイツに対する彼らの警戒と誤解をできるだけ早急に取り除くために、国内整備に取り掛かることでドイツがいかにこの「ドイツ統一」で犠牲を払っているか、それとなく知らしめようと努めた。

西ドイツが再統一した一九九〇年当時、東ドイツ地域の経済疲弊は想像を超えるものであった。私も当時頻繁に東ドイツの各地を訪れ、当地の事情を直接目にしたが、生産設備など西側の尺度と基準では再生不可能に近く、インフラなど西ドイツに比べて天と地との差があった。もちろん住家も手入れが行き届いていないせいか荒れ放題、住民の生活レベルも西とは比べ物にならないくらい貧しかった。

こうした荒れ放題の東ドイツ復興のために、西ドイツ政府は急遽《きゅうきょ》、「ドイツ統一基金」を設立し、とりあえず、可能なところから応急処置をし、復旧していこうと、この基金を投入することでまずは財政赤字補塡《ほてん》、交通網、電信電話など通信網の整備に当てている。ちなみにこの基金だが、一九九〇年に開始され、基金終了九四年までに総額八二二億ユーロを投じ東ドイツ復旧に努めている。

その後引き続き、東ドイツ復興資金として、新規に東の州政府支援用に「連帯税」を設置し、設立当初一九九一年には、一年間の期限付きで導入される予定だったが東ドイツ復興は遅遅として進まず、したがって、その後一九九五年からは無期限の「連帯税」徴収に切り替えられた。

東西ドイツ統一当初は、三～四年もすれば東ドイツは復興するだろうと安易に考えていたが、現実はそんな生易しい事業ではなく、統一から二五年あまり経った現在でさえ、東西の賃金格差はもちろんのこと、失業率も西側に比べて二倍という有様で、このような状況にあって現在も引き続き「連帯税」は徴収されている。二〇二〇年には廃止しようという動きもあるのだが……。

そのうえ、「ベルリンの壁」崩壊前、東の一マルクは西の一マルクに比べて公定レートで九分の一、ブラックマーケットでは二〇分の一の価値しかなかった。にもかかわらず、一対一の比率で西のマルクと交換することにしたことも忘れてはならない。

いや、まだある。ゴルバチョフの格別の肝いりで、東西ドイツ統一にゴーサインがでた

ことで、コールはそのお返しとして、
一．過去にユダヤ人を弾圧した歴史への反省として、ソ連崩壊後の自由化によって出国を許されたロシアのユダヤ人たちに、ドイツへの移民に積極的に手を貸し支援し歓迎することにした。その数約二〇万人といわれている。
二．一九九四年末まで東ドイツには約三〇万人のソ連兵が駐屯していた。その兵たちは一九九四年末までに東ドイツから全員撤退することになった。ところがソ連へ帰国しても、落ち着く先がない。その将校を含め住居建築費すべてをドイツ政府が負担することとした。

そのうえで、次にコールは、ドイツの国益を二の次にし、フランスが望むところの、ドイツの主権および主張をできる限り控え目にしてオモテに出さず、周辺国、とりわけ小国を重視し、EUサイドにおいて半ば、犠牲的に貢献するドイツをミッテランにそれとなく約束している。

ドイツ苦渋の選択――常にフランスに一歩譲る

この独仏関係だが、戦後は決して一対一という互角ではなく、常にドイツがフランスに一歩譲って「独仏同盟」を築く。これこそが、円滑な「大欧州連合構想」であるというのだ。敗戦国ドイツの賢明な、しかし、苦渋の選択でもあった。

その典型な例として、私は二点挙げてみようと思う。一つは宇宙部門がある。

戦後米ソ両国の宇宙開発で、先を越された欧州（実は戦後、ドイツの宇宙開発部門の大半はアメリカに吸収された。詳細は終章を参照のこと）は最初ドイツとフランスが歩み寄り、まず一九六四年に欧州ロケット開発機構（ＥＬＤＯ）を設立し、打ち上げロケットの開発を進めたものの難航し、ようやく試行錯誤の結果、一九七五年、「欧州宇宙機関（ＥＳＡ）」を設立し、その後打ち上げロケットの開発に成功し、これに勇気づけられ米ソ両国を手本に、「追いつけ追い越せ」と叱咤激励《しったげきれい》し、今日では、彼らをしのぐ優れた宇宙技術を開発するまでにいたっている。

独仏両国の呼びかけで設立当初、参加した国はドイツ、フランスに続き、イギリス、ベルギー、スペイン、デンマーク、イタリア、スイス、スウェーデン、オランダで、その後続々と参加希望国が増え、今や二十数カ国が参加している。予算は各国で分担し、たとえば二〇〇五年の分担率だが全体の三分の二はフランス（二九・三％）、ドイツ（二二・七％）、イタリア（一四・二％）が負担しており、したがって、主な活動は独仏両国が中心となって行ない、本部はパリにある。

二つは、アメリカ企業の世界市場における旅客機独占に対し、この劣勢をクリアするためには欧州の一体化が最重要課題と判断した独仏両国では、一九七〇年十二月にフランスのアエロスパシアルと西ドイツＤＡＳＡが共同出資し「エアバス・インダストリー」を設立、その後二〇〇一年に法人化され「エアバス」社に変更された。本社はフランスのトゥールーズに、その他にも最終組み立て工場がトゥールーズとドイツのハンブルクにある。この会社にはイギリスとスペインが参加している。

この会社設立では米ボーイング社は強力なライバルが登場したとして、露骨な妨害作戦を展開してエアバス社潰しにかかった。ところがその都度、独仏政府がともにスクラムを組んで、エアバス援護射撃を行なった結果、ボーイングも引かざるを得なくなり、二〇〇〇年には、受注、納入ともにボーイングを追い抜いたし、二〇一五年にはそれまでアメリカの顔色を窺って遠慮していた日本航空もようやくエアバス発注に踏み切っている。

この二社の本部がフランスにあることからわかるように、実権はフランスが握っていて、ドイツはその後に続くという構造が戦後、ずっと続いていたのだ。

フランスの大統領ミッテランがこの方式を「欧州通貨統合」にも活用しようと思うのは、戦後のしきたりからして当然のことだった。

要するにミッテランの本音は、「通貨統合」、つまり、＝マルクをユーロに切り替えることによって、常にミッテランの頭から消し去ることのできなかった「統一ドイツ」＝大ドイツならぬドイツ大帝国再来の悪夢から解放されるとの希望観測を持つにいたったことだ。

　一方、コールにしても「ドイツ統一」という課題をミッテランに同意させるには、ドイツが率先して通貨統合に賛成しマルクを捨てることが必要で、だからこそ、コールはミッテランにこう説いてみせた。

「欧州統合は戦争か平和かの問題であり、ユーロの導入によってこそ、欧州の平和はこれまでよりさらに保証される」と……。

　要するにコールの言いたかったことは、通貨統合を単なる経済サイドによる欧州統合にしないで、あくまでも、「安全保障上の政治的意思」を第一義として捉えるというもので、これにはミッテランも「ノン」とはいえなかったのだ。

　ミッテランにはドロールという、以前から欧州の通貨統合にことのほか熱心な側近がいた。本来ならミッテランはドロールを八四年における内閣改造で首相にするはずだった。第一次ミッテラン政権下で実績をあげたからだ。ところが蓋《ふた》を開けてみたところ、ミッテランは別の人物を首相に選出することにした。いかなる事情があったのかそれともなかったのか、いずれにしてもミッテラン内閣からはみ出されたドロールはすぐさま、EU（当時のEC）の首都ブラッセルに移動し、EUの委員長として活躍することにし、一九八五年から一九九五年という一〇年もの長きにわたって欧州委員会委員長を務め、「ドロール委員会」なるものを設立し、これにより強硬に欧州統合路線の実現化を図った。その熱意の甲斐あって、一九八六年二月に単一欧州議定書が、一九九二年にはマーストリヒト条約が調印されたばかりか、一九九三年十一月一日にはドロール委員会の下でいよいよ最後の仕上げとして、欧州通貨の基礎が確定することになった。ドロールが「ユーロの父」と評されるゆえんである。

ユーロ導入の夜から行事が華やかに続いたが

とはいうものの、ユーロのスタートは、決してスムーズには行かなかった。

第一に、ドル基軸で世界通貨支配を企んでいたアメリカにとって、ユーロの登場は、このアメリカの野望に水を差すことになった。

第二に、かつては植民地大国として七つの大海を制してきたイギリスでは、その栄誉に拘わってポンドを容易に捨てることは、同時にイギリスの誇りを傷つけるというのでユーロ加盟を拒否したばかりか、ユーロ妨害工作を手掛けるようになった。

何よりも、ユーロ登場で最も緊密に協力していくべき独仏両国において、ユーロが産声をあげたとたん、内輪もめが始まったのだから、何をかいわんや!!

ユーロはまず、一九九九年一月一日に決済用仮想通貨として導入され、その三年後の二〇〇二年一月一日に初めて現ユーロが市場に出回り、ユーロ加盟国の市民はじかにユーロ札とユーロコインを目にすることができた。

当日、私は、この日のことをこう記している。

今年からいよいよ「ユーロ」のお札とコインが「ユーロ」加盟国十二カ国の間で登場するというので、その「ユーロ」金庫番の拠点でフランクフルトにあって、あちらこちら駈けずり回っておりました。

とりわけ十二月三十一日は、フランクフルトに限らず、「ユーロ」加盟国の主要都市では、色とりどりの行事が催されたようですね。

ここフランクフルトでは、当日、欧州中央銀行主催の記念式典が午前と夕方に分かれて行なわれ、私も、とりもなおさず出席しました。午前中は十時半きっかり、先ずドイゼンベルグ総裁の記念講演から火ぶたが切られました。

ドイゼンベルグ総裁は、その席上「欧州の夢だった単一通貨が三億人の手にわたることになります。ユーロのお札に描かれた『窓』は世界に開かれ、『橋』は欧州各地が仲良く手をつなぐことを示している。新しい時代の始まりといっていい。ここまでにくるには、道は険しく、いろいろと困難なことがあった。しかし加盟国がみな一致団結して協力的に事に当たったこと今回の『ユーロ』導入の原動力になり実を結んだ。感謝している」と語っていました。

その後簡単なショーがありました。「ユーロ」導入では「ユーロ」についての感想文コンクールを行ない、その「ユーロ」賞を獲得した「ユーロ」加盟国十二カ国（各国二人ずつ、合計二十四人）の子供たちが、ドイゼンベルグ総裁から一人ずつ激励の言葉を掛けられ、新しい「ユーロ」のお札を受け取りました。（式典が終わったあと、私も、小箱に入った五十ユーロ＝五千円を頂きました）。最後はジャーナリストとの質疑応答があり、中には子ども達からも質問が出て、頼もしいというか、活気づきました。

さて、夕方のレセプションは、欧州中央銀行のホールで行なわれました。こちらは、昼間と異なり、ごく内輪で、親しいジャーナリストと飲み食いしながら歓談するというものです。ここでも「ユーロ」流通スタート一時間前に、いち早く百マルクだけ両替を許されました。欧州中央銀行スタンプ入りのプラスチックの袋に入っているので、記念にとっておこうと思います。

その後、欧州中央銀行広場に出て（寒かったなあ）、シャンペンで乾杯しながら、二〇〇二年一月一日きっかり、「ユーロ」出現を祝いました。

近くの銀行では、さっそく窓口で、「ユーロ」を手に入れようとする人たちが行列を作っていました。

というわけで、こうして歴史的な行事に参加できた私です。その心たるやるんるん、ハッピーでありました。

ユーロの主導権をめぐる独仏のシビアな戦い

とはいうものの、これはあくまでも、オモテムキのユーロ導入祝賀行事に過ぎず、一皮剝くと水面下で熾烈《しれつ》な主導権争い、つまり小競り合いが独仏両国の間で、すでに開始されていたのだ。

一つは、ユーロ＝欧州中央銀行の拠点をどこに置くか。フランスのミッテランとしては、従来どおり、戦後のフランス優位の慣例に従って、パリに置くことを念頭に入れていた。ところがコールが珍しくこのミッテランの主張を撥《は》ね付け、最終的に、ドイツの金融都市フランクフルトにおくことにしたこと。

二つは初代の欧州中央銀行総裁を誰にするか。この初代総裁ポストに何としてでも仏トリシェ中央銀行総裁をすえたいミッテランに対し、コールはオランダのドイゼンベルグを推薦し、ここでも独仏両国は激しく対立している。そこで苦肉の策として、妥協点を探ることにし、初代総裁はドイゼンベルグを指名する。その代わり、本来任期八年の総裁の座を例外として四年に短縮し、その後任にフランスのトリシェを指名する。

とはいえ、口の悪いジャーナリスト界隈では、早くも、「これまさに、『ドイツ統一』後の微妙に変革し始めた独仏両国の力関係の変化で、従来のフランス優先＝わがままが許されなくなったその何よりもの証拠だ」と捉え始めた。

初代ドイゼンベルグ総裁が約束に従って退き、トリシェが新総裁に就任したのは四年後、二〇〇三年のことである。この時には、すでにミッテランとコールは政界を退いていたのだが、実は欧州中央銀行内では、ドイツとフランスに分かれて、徐々に北欧グループ（フィンランドやオランダ、オーストリアなど北欧諸国）と南欧グループ（ギリシャ、イタリア、ポルトガルなど南欧諸国）間で確執が起こり始めたのも事実である。記者会見に参加すると、フランスのトリシェ総裁などがときどき、ドイツ側の記者から鋭い質問を受け、一瞬不機嫌な顔になることがあったからだ。

これこそが次に起こるユーロ危機ドラマの前兆でもあったのだ。

二〇〇八年九月十五日に、アメリカの投資銀行リーマン・ブラザーズが破綻したことで、まるで芋ヅル式に次から次へ世界的金融危機が発生し、ユーロ圏ももろにその影響を受け、その連鎖反応で混乱を来たすことになった。経済危機の連鎖がユーロ圏にも襲い掛かってきたのだ。

この危機さえなければ、本来なら、ユーロは、アメリカ・ドルの次に重要な通貨としての地位を築き、世界第二の基軸通貨としてその存在を国際社会に知らしめるはずだった。ところが何とこのリーマン金融危機が飛び火して、二〇一〇年には欧州ソブリン危機を招くことになり、はたまたここにきて、欧州通貨＝ユーロ圏の矛盾が露呈し、その存続さえ危ぶまれ始めたのだ。

というよりもトリシェの最終的な処断で、ドイツ側の主張である「インフレを加速し中央銀行の政治的独立性を損なうとして加盟国の国債買い入れに強硬に反対する」が次第に斥《しりぞ》けられてしまった。

ドイツは一九二九年に発生したアメリカのウォール街の影響をもろに受けハイパー・インフレーションを経験した上に、その結果、ヒトラーによるファシズム体制を敷き欧州各国を侵略する第二次世界大戦を引き起こしただけにインフレリスクにことのほか敏感で、南欧が容認する金融緩和政策には絶対に応じることができないという。

そこで何とか妥協案を見つけ出そうと、何度も政策理事会（総裁、副総裁、理事四名と、ユーロ参加十七カ国の核中央銀行総裁の計二十三名で構成）を開催し討議したものの、結論が出ないまま混乱を招いてしまったばかりか、何とECBトリシェ総裁の後任に、当初、最有力視されていた独連邦銀行ウェーバー総裁が、突如、「個人的な理由」で二〇一一年四月末にドイツ連邦銀行総裁を辞任してしまった。つまり次期ECB総裁候補から降りたのである。続いて、かつて独連邦銀行副総裁を二期務め、その後、欧州中央銀行（ECB）役員となり、欧州中央銀行のスタートにあって、その基礎作りで貢献し、ドイゼンベルグ、トリシェ両総裁からもその手腕を買われ一目を置かれていたシュターク理事も、二〇一一年末、任期を二年五カ月（二〇一四年五月まで）残したまま辞任してしまった。

こうした事態にトリシェ総裁は、「ECBのインフレ抑制の実績はドイツ連銀よりも優れている。ユーロ圏の債務問題の責めを負うべきは、むしろ過去を盾にあれこれ批判するドイツを含む各国政府だ」と一刀両断で切り捨ててしまった。

私など、一瞬、これでドイツ派はECBから一掃されることになってしまったなと思った。何しろ、ECBは手強いドイツ人テクノラートをたたき出してしまったことになるからで、案の定、後日、トリシェ後任総裁には何と、反ドイツ派の急先鋒《きゅうせんぽう》であるイタリア出身のマリオ・ドラギが就任することになってしまった。

ギリシャがオリンピック開催に執着した経済的理由

しかしそれにしても、このようなシナリオはいったい誰が書いたのだろう。

そもそもこうしたユーロ危機の発端は、ギリシャのユーロ圏加盟からはじまった。

ユーロ圏が誕生したのは、一九九九年一月一日。これは既述したとおりである。

最初独仏伊など十一カ国がインフレーション率、政府財政水準、為替相場の状況、長期金利などの収斂《しゅうれん》基準を満たしたとしてユーロ導入に踏み切った。次に二〇〇一年に、基準を満たしたとして加盟してきたのがギリシャだった。その後、二〇〇七年にはスロベニアが、さらに二〇〇八年にはキプロスとマルタ、二〇〇九年にはスロバキア、二〇一一年にはエストニア、二〇一四年にはラトビアでもユーロが導入されることになり、もっか計十九カ国が、ユーロ圏入りをしている。

中でもギリシャのユーロ圏入りが二〇〇一年と比較的早かった理由は、この国が何はともあれ、二〇〇四年のアテネオリンピック開催を理由に、資金調達をユーロ圏に委ねようとしたからである。

ではギリシャがなぜこの時期、オリンピック開催に熱心だったのか。

一つは、ギリシャは古代オリンピックの発祥地であるが、あれから約一五〇〇年後、フランス人、ピエール・ド・クーベルタンの提唱により、新規に『平和のスポーツ祭典』として、近代オリンピック競技大会を開催しようという呼びかけが十九世紀末の一八九六年にあったのだ。そして、この年、発祥地ギリシャのアテネで第一回オリンピック大会が挙行された。

以後近代オリンピック祭典は、時には、戦争のため中断を余儀なくされたり、冷戦のとばっちりを受けたりして一部不参加国が出るなどの混乱したことがあったとはいえ、これまで約一世紀にわたり、世界平和のスポーツの祭典、そのシンボルとして世界中から親しまれてきた。

そこで、二十一世紀に入ったのを機に、アテネで今一度オリンピックを開催してはどうかという提案があったのだ。

二つには、ギリシャのはかばかしからぬ財政事情があった。

古代ギリシャおよびヘレニズム世界で広く用いられた通貨の単位であり、同時に近代に入って復活したギリシャ通貨『ドラクマ』を捨て『ユーロ』に乗り換えることで、沈みつつあるギリシャ経済の復興に役立てようという企みである。

この『ドラクマ』には実はあるいきさつがあった。このことにも触れておかねばなるまい。

第二次世界大戦の末期一九四四年にドイツ占領下にあってギリシャは、新ドラクマへの切り上げ（デノミネーション）を実施した。ところが何と、「新ドラクマ」は五〇〇億旧ドラクマにあたるという悲惨な状況で、この疲弊しきったギリシャ経済立て直しのために、一九五三年、ブレトン・ウッズ体制に加わることで、翌五四年に新規に旧ドラクマから新ドラクマ切り上げを行なうことにした。これにより、ドラクマ新一対旧一〇〇〇になっただけでなく、同時に三〇新ドラクマ＝一米ドル換算で固定されることになった。これで一息ついたギリシャだった。

ところがその後一九七三年に、ブレトン・ウッズ体制が廃止されることになった。そのとたん、ドラクマの価値は下がり始めたのだ。どうしていいものやら困り果てていたところ、何とそのギリシャに、実に美味しい話が転がり込んできた。ユーロ圏入りすることで、ドラクマを潔く見限ってユーロに切り替えるというのだ。ちなみにこの時の換算率は一ユーロ＝三四〇・七五ドラクマだった。

そこで、「二十一世紀初のオリンピックをその発祥地アテネで」というキャッチフレーズを前面に押し出すことで、ユーロ圏入りを手掛けたのだ。

問題は、一九九九年に発足した欧州単一通貨には加盟基準があることだ。一つは、国の債務残高をGDP比率六〇％以内とすること。二つは、財政赤字はGDP比の三％以内とすること。この二点が義務づけられた。

ところが、当時のギリシャときたら、財政赤字は一三％前後、債務残高もGDP比で一一三％と、ユーロ圏加盟＝導入にはほど遠い状況におかれていた。

そこで一計を巡らすことにしたのが、デリバティブ取引を応用した粉飾決算で、具体的には、借金まみれで赤字であるにもかかわらず、どこからともなく金を借りて帳簿の数字をごまかすトリックで帳尻合わせしようというのだ。

しかも、これに手を貸して、法律に触れないで合法的に粉飾可能な方法を編み出し、知恵をつけたのが、今をときめく政策投資銀行ゴールドマン・サックスだったのである。

今一つ、忘れてならないのは、ギリシャとゴールドマン・サックスでこのディールが行なわれていたこの時期、正確には二〇〇二年から二〇〇五年まで、実は現欧州中央銀行総裁ドラギは、ロンドンのゴールドマン・サックス副会長を務めていたことだ。

当時ギリシャ政府では、ロンドンにおいて最も優秀との折り紙つきのバンカーがアテネに送り込まれ、粉飾決算操作に手を貸していた。

その限りにおいては、「当時その内部事情をドラギが知らなかったとは誰も信じないだろう」とは私が親しくしていた某バンカーの言葉で、「いずれにしろ、ほぼ一〇〇％、トリシェ総裁の後任として確実視されていたドイツ連邦銀行総裁ウェーバーが、突如総裁を断ったその真相がここに隠されているようだ。つまり、ドラギはギリシャのユーロ加盟に絡む粉飾決算を関知していた可能性（註：記者会見の席上、ジャーナリストから追放されたがうまく切り抜けた？）があり、それゆえに、欧州中銀（ECB）総裁として、次なる任務、恐らく、この事件の後始末とともに、ゴールドマン・サックスの世界の銀行パワー拡大戦略の一人として、アメリカの息のかかった彼が欧州中央銀行に送り込まれたのではないか」と……。

ちなみにそのゴールドマン・サックスといえば、ブッシュ・ジュニア大統領の下で、二〇〇六年から二〇〇九年まで財務長官に就任し、二〇〇八年のリーマン・ショックの際、辣腕《らつわん》を振るったポールソンもゴールドマン・サックス会長兼最高経営責任者（CEO）だった。

「公務員天国」ギリシャの呆れた実態

この粉飾決算でユーロ圏加盟を果たしたギリシャは、アテネオリンピックに当て込んで次々と国債を発行し、このときとばかり、オリンピック会場建設を前面に押し出し、飛行場や高速道路建設などインフラ整備につぎ込んだ。そのため、関連支出の総額は当初計画から倍増の八九・五億ユーロ（約一兆円）に膨れあがり、夏季オリンピックでは歴代五番目の出費という不名誉な結果をもたらしたばかりではない。これに味をしめてこのときとばかり、さらに国債を刷り続けることにしたのだ。要するにユーロ圏を後ろ盾に大スポンサーを味方に引き入れたことで、ほぼ永久に「打ち出の小槌《こづち》」にありつけたと錯覚し、放漫財政にうつつを抜かしていた（と勘ぐられても仕方がなかった）。

加えて、ギリシャは「公務員天国」である。国民の四人に一人は公務員なうえ、公務員の給料は民間の二〜三倍、身分は保証されているから解雇の心配がなく、したがって、効率的に働く必要がない。何しろ、つい最近まで事務処理などコンピュータを使わず、すべて手書きで処理をしていたというし、遅刻早退は日常茶飯事で時間どおり出勤したばあい「特別手当て」が出る厚遇だというのだから。

そのうえ、年金率も高く、現役勤務の給与の九六％が支給されるというのだから、老後も悠々自適の生活を送ることになる。

そのギリシャだが実情はどうか。観光・海運業以外これといった産業がなく、製造業にいたっては、ＧＤＰに占める比率は一割弱で、ユーロ諸国平均の半分以下である。

そのギリシャ人に経済成長を促し、利益の中から国に税金を納め、財源に充てる発想など皆無といってよく、あるのは富裕層による資産海外持ち出しによる資産隠しであり、これに倣《なら》って上は弁護士、政治家、医師、下は農民やレストランのオーナーやウェイターによる脱税であり汚職であり、この行為が国民の間で、日常茶飯事的に白昼、堂々と行なわれていることだ。

そういう意味では例のゴールドマン・サックスがらみのギリシャ政府による粉飾決算作成はギリシャ人にとっては、正統な生き残り術であり、ある種の国策でもあったのだ。

新政権が国家ぐるみの粉飾決算を暴露

ところがどっこい。隠し通せると信じきっていたギリシャも、そうは簡単に問屋が下ろさないのを思い知る時期がやってきた。実はギリシャで二〇〇九年十月に政権交代があり、新政権が旧政権による国家ぐるみの粉飾決算を暴露してしまったからだ。

しかもタイミングの悪いことに、その前年二〇〇八年にリーマン・ショックが起こり、世界同時不況の真《ま》っ只中《ただなか》にあったからたまらない。その後、アイルランド、ポルトガル、スペイン、イタリアなどに飛び火し、欧州全体の金融システムまで揺るがす事態となってしまったのは、ヨーロッパ人なら知らぬ者はいない。

そのギリシャの財政悪化事情だが、二〇〇九年の時点で、二三六〇億ユーロ（約二八兆三二〇〇億円）もの債務を抱え込んでいた。だからこそ、政府は、翌年二〇一〇年十月、欧州連合（ＥＵ）と国際通貨基金（ＩＭＦ）に泣きついて、緊急融資を要請することにしたのだ。

交渉の結果、ＥＵとＩＭＦは、とりあえず総額一一〇〇億ユーロを融資することにし、そのうちＩＭＦは三〇〇憶、ＥＵは八〇〇億ユーロを負担することにした。当然ＥＵでは、ドイツの負担率が最も多く全体の二八％におよび、金額に換算すると二二四億ユーロ（約二兆六〇〇〇億円）負担することになってしまった。

そればかりか、あれから五年が経った二〇一五年前半期におけるギリシャの負債事情だがより悪化していて、このことに関してロイターが次のように伝えている。

《「十六日　ロイター」―デフォルト危機が迫るギリシャは、公的な貸し手に対して総額二四二八億ユーロの負債を負っている。公的データを基にロイターが算出した。

この数字は、欧州各国政府や国際通貨基金（ＩＭＦ）による二度にわたる救済と、欧州中央銀行（ＥＣＢ）とユーロ圏各国中銀が保有するギリシャ国債を合計したもの。

現時点の最大の債権者はドイツだ。

民間投資家は三八七億ユーロ相当のギリシャ国債を保有している。

ギリシャはまた一五〇億ユーロ相当の短期の財務省証券（Ｔビル）を発行しているが、

その大半はギリシャの銀行が引き受けている。

以下は、ＩＭＦ・ＥＣＢ・ユーロ圏に対するギリシャ債務の詳細。

〈ＩＭＦ〉

ギリシャはＩＭＦから総額四八一億ユーロの融資を約束されたが、そのうち一六三億ユーロについては、ギリシャが第二次支援を無事終了することを条件に二〇一六年三月までに実施される。ギリシャはこれまでは期限内に融資を返済してきたが、六月の四回の融資返済（一六億ユーロ）は月末までに一括返済することにした。

〈ＥＣＢ〉

ＥＣＢは一九八億ユーロ（額面）のギリシャ国債を保有、そのうちの六七億ユーロが七〜八月に満期を迎える。加えて、ユーロ圏各国中銀は七二億ユーロのギリシャ国債を保有している。ＥＣＢはさらに、ギリシャの銀行に対する緊急流動性支援（ＥＬＡ）として一一〇〇億ユーロを承認しているが、その一部はギリシャ国債が担保になっている。

〈ユーロ圏〉

ユーロ圏各国の政府は二〇一〇年に合意した第一次支援の下、合わせて五二九億ユーロの二国間融資を実施した。ギリシャ政府はまた、二〇一二年に合意した第二次支援に基づき、ユーロ圏救済基金から一四一八億ユーロを受け取った。ギリシャが改革条件を満たせば、同基金から今月末までにさらに一八億ユーロが支払われることになっている。

ドイツは二度にわたる救済に伴い、合わせて五七二億三〇〇〇万ユーロを負担。以下、フランスの四二九億八〇〇〇万ユーロ、イタリアの三七七億六〇〇〇万ユーロ、スペインの二五一億ユーロが続く。各国はさらにクオータに応じてＩＭＦ融資への資金拠出も行っている。

ユーロ圏諸国は融資期間を一五年から三〇年に延長したほか、一部の金利の引き下げを受け入れた。また、ユーロ圏救済基金から実施された第二次の融資では、ギリシャに十年間の利払い猶予を認めている。ＥＣＢは一九八億ユーロ（額面）のギリシャ国債を保有、そのうちの六七億ユーロが七―八月に満期を迎える。加えて、ユーロ圏各国中銀は七二億ユーロのギリシャ国債を保有している。ＥＣＢはさらに、ギリシャの銀行に対する緊急流動性支援（ＥＬＡ）として一一〇〇億ユーロを承認しているが、その一部はギリシャ国債が担保になっている。

（『情報ＢＯＸ：ギリシャ、国際債権団への負債額は２４２８億ユーロ』ロイター２０１５年６／17より）》と……。

「ありとキリギリス」のありの役目はゴメンだ！

中でもユーロ圏のうち、ドイツの負担額が突出して多い。それゆえドイツ国民の間では、「まさに底なしの沼にはまり込んだようなもので、支援の効果はゼロ。従来の放漫財政を、血を流す覚悟で改善する意思がない限り、支援は即刻打ち切るべきで、ギリシャはユーロ圏から一刻も早く出て、もとのギリシャ通貨『ドラクマ』に戻って出直すべき。いくらなんでも、イソップの『ありとキリギリス』のありの役目はごめんだ」という声が圧倒的に多い。

そしてこう付け加える。

「明らかに誰の目から見てもずさんな政策で莫大《ばくだい》な借金を作ったのはギリシャだ。それなのに、なぜ、ドイツがその彼らの借金の尻拭《しりぬぐ》い＝後始末をしなければならないのか。ドイツはがまん強いから大声を出さず黙っているものの、国内で整備しなければならないことが山とある。たとえば傷んだ高速道路の修理とか、不足している公立保育園の増設を図るとか。しかも多くのサラリーマンは、社会保障費を含めて給料の約半分を税金で差し引かれてしまう。その一部を減税に回してくれたらどれだけ助かるか」と……。

ところが、ギリシャ国民にも言い分がある。ユーロ圏加盟にあっては、ギリシャのヘレニズム文化や哲学に憧れ、それゆえにことのほか友好的でギリシャ人歓迎ムード一色だったドイツ（事実その典型的な例として、二〇〇四年、アテネオリンピック祭典直前開催された欧州サッカー戦では、ドイツ人監督の下、初優勝し、ギリシャ国民はドイツとドイツ人監督に感謝し褒めまくっていた）。そのドイツ人が、ギリシャが財政危機に陥ったとたん、手のひらを返すように冷酷きわまる金貸し屋風情に成り下がり、借金取り屋に変身した。しかも、ギリシャにとっては到底実行不可能な財政改革プランとともに、過酷な緊縮策を押し付けてきた。

ギリシャ人にとっては、「それはあんまりではないか」というわけで、ギリシャ国民の多くは自らの失策を棚に上げ、ひたすらドイツとドイツ国民攻撃のために、精を出す。

それればかりか、七〇年前のナチス時代のドイツの古傷まで抉《えぐ》り出しマイナスイメージを煽《あお》り立てるのもそう。それればかりか、外国の、とりわけ世界発信では影響の大きい米英両国のメディアを味方に引き入れ、ドイツマイナスイメージ工作を仕掛けてみせる。

たとえば、ドイツのメルケル首相をヒトラーに仕立てメルケルの鼻の下にちょび髭《ひげ》やナチスのカギ十字の腕章をつけた風刺マンガを新聞に掲載するなど……。

もっともこれなどは序の口で、実は、第二次世界大戦中の対ドイツ賠償をドイツに求め、二〇一三年には当時のギリシャ外務大臣がギリシャ議会で、「ギリシャはドイツから戦争賠償を受けることを諦めたことなど一度もない。その総額は一六二〇億ユーロ前後に上るということも」と脅かす。しかも二〇一五年には、ギリシャの財政がより悪化したことで、第三次支援欲しさに、この賠償問題をあぶりだしてドイツ政府に請求してくる始末で、その賠償額たるや、さらに上積みされたうえ、約二七八七億ユーロ（約三六兆円）だという。

日本を脅すどこかの国と同じ手口である。それはさておき、ドイツ側は、さっそくクールに「根拠なし」と切って捨てたうえで、次のような理由できっぱり断ってしまった。

「ドイツは旧西独時代の一九六〇年、対ギリシャに、ナチス時代の不法行為に対する補償としてすでに一億一五〇〇万マルク（当時の換算で約九七億七五〇〇万円）を支払う協定を締結した。しかも一九九〇年『ドイツ統一』の際に、東西ドイツが旧連合国の米英仏ソと『二プラス四条約』を調印した段階で『請求権問題』は解決済みである」と……。

しかし、これぞまさに財政危機逃れにおけるギリシャ流駆け引きの一つでもあるのだが、ギリシャは「ギリシャがユーロ圏から脱退したらどうなるか。通貨同盟はドミノ現象を起こして崩壊する」という暴言を吐き居直って見せる。これがさらにドイツ国民の反感を買ってしまったのだが。

ギリシャのユーロ脱退を主張する人たち

ドイツ経済学第一人者としてその名を知られ、ユーロ圏債務危機が開始された二〇一〇年以来、一貫してドイツの安易な税金投入に批判的な立場を取り、同時に、メルケル首相にドイツ憲法裁判所での証言どおり、ユーロ圏救済基金である欧州安定化メカニズム（ESM）などを通じて救済を図ろうとする取り組みは、ユーロ圏の立て直しをさらに困難にするだろうと忠告してきたミュンヘンIfo経済研究所ハンスウェルナー・ジン所長は「ドイツはギリシャの放漫財政に想定以上の資金を投じており、ギリシャはもっと前にユーロを離脱すべきだった」と語り、ギリシャのユーロ圏即脱退をよりシャープに勧告している。

こうした中で、ジン博士の意見に同意しているショイブレ独財務相も、「ギリシャが一時的にユーロ圏を離脱するほうが適切」との考えを示したものだ。

二〇一五年七月一七日ドイツ連邦議会においてギリシャ財政援助に関し賛否をとるにいたっては、苦渋の選択を迫られ、ギリシャの第三次支援交渉を支持するよう議員に呼びかけた。とはいえ、直前までショイブレ財務相は、「ギリシャ一時ユーロ圏を離脱」説に拘っていた。そもそもこれこそが、ドイツ国民大半のホンネだったからで、その証拠に、賛否採決の際、ショイブレ傘下の政党から六〇名の議員が「ギリシャ一時ユーロ圏離脱」を主張し否決し、加えて五人は棄権した。

第一、対ギリシャ緊縮政策案は、ドイツ一国の独断で決められたのではなかった。トロイカ（EU、ユーロ圏グループ、IMF）が、念入りに協議し精査し分析し作成したギリシャ再建策で、フィンランドやオランダ、オーストリアやバルト三国など、北欧グループはすべて同意し賛成に回っていたのだ。

彼ら北欧グループにもドイツ同様、言い分がある。かの国の多くは、一九八九年「ベルリンの壁」崩壊によって、ようやく旧ソ連から解放され自由を獲得し独立国としてスタートし、EU、後にユーログループに加盟した。ユーロもロシアに対する武器の一つに数え、加えているからだ。

フィンランドにいたっては、地理的にロシアと隣国同士で、第二次世界大戦後は、ソ連隷属化を危うく逃れたものの、常に旧ソ連の侵略にさらされてきた国だけに、今やロシアに名を変えたとはいえ油断がならないと、ユーロ圏加盟はNATOに加盟すると同じく武器の一つと心得ているだけに……。

その彼らにしてみれば、「我々の血と汗で独立を勝ち取り、ほぼ崩壊していた財政を立て直し、貯めこんだカネを、我らの国ではありえない『公務員天国』『年金天国』『脱税天国』で使いつくしてしまったギリシャに、なぜ、これからも貢がなければならないのか。

これこそ自ら蒔《ま》いたタネだ。人の手を借りないで、自分たちが摘み取ってしかるべきだ」と逆にドイツの弱腰を責めたてることもあるのだ。

一方、フランスを含むスペインやイタリア、キプロスなど南欧グループとすれば、ドイツの財政改革は独善的すぎだとして批判的である。

それだけに、ギリシャ擁護に回り、ドイツに批判的で背を向けてしまう。

ドイツをはじめとしたユーロ圏のこの五年間の金融危機だが、彼らはいったい何をしてきたか。ひたすら緊縮財政と構造改革を金科玉条に、債務問題をクリアしようと躍起になってきた。それはいいが、反面、アイルランドに始まってポルトガル、スペイン、イタリア、今やEUの「育ての親」で、その中核で活躍しているはずのフランスでさえも、一般市民の反感をかって、巷《ちまた》に怒りの渦が巻いているではないかというのだ。

ユーロ圏のテクノラートたちが、原理原則に則って一刻も早く金融危機から脱却しようと解決を急げば急ぐほど、逆に、EU加盟国間において亀裂が深まり、EUの将来が悲観的に捉えられてしまうという。

EUがつなぎ資金として用意し創設した欧州金融安定メカニズム（EFSM）がまさにその典型的な例だと指摘する。EFSMは融資能力六〇〇億ユーロを持っていることで知られている組織だ。そのEFSMをアイルランドとポルトガルの金融支援に回して利用した。そのうえ、次回は現在利用可能な金額一一五億ユーロをギリシャ危機に当てるというから、たとえ、ＥＦＳＭが二〇一〇年五月のギリシャ危機時に欧州金融安定基金（ＥＦＳＦ）とともに創設されたＥＵ（欧州連合）の金融安全網とはいえ、ユーロ圏以外のＥＵでは不満たらたらなのだ。

ユーロはイギリスにとって、抹殺《まっさつ》してしまいたい存在

そこで「待った」の声を掛けたのが、イギリスである。ユーロ圏に属していないものの、ＥＵに加盟しているイギリスはＥＦＳＭ資金の一部を納めている。さっそく約束違反とクレームをつけてきたのだ。理由は、「二〇一二年のＥＵ首脳会議で英国政府が、ＥＵ予算内にあるＥＦＳＭをこれ以上勝手にユーロ圏諸国救済に利用しないと決めたはずなのに、それを勝手に破るとは、一体どういうことだ」と……。

イギリスのキャメロンは二〇一七年に、ＥＵからの離脱の是非を問う国民投票を公約している。それだけに、ＥＦＳＭ利用に関する約束が反故になれば、これを理由に、英国民のＥＵ離脱ムードがさらに高まるのではないかと警戒しているのだ。

一方でイギリスはこうしてＥＵ離脱をちらつかせることで、ＥＵとユーロ圏における存在感をアピールし、少しでもイギリスにとって有利に事が運ぶことを狙っている。ひと昔

まえのことだが、当時英国首相に就任したサッチャーがEU議会に乗りこみ、EU拠出金を大幅に値切ってみせたのと同じ手口である。

今一つ、イギリスにとってユーロの存在は、できることなら、消えてなくなってほしい。できるなら、イギリスの手で抹殺してしまいたい！　それほど目障りな存在だからだ。

サッチャーの登場は、イギリスの代名詞である「英国病」、その代名詞だった労働組合を弱体化することにあった。そのために、当時彼女は、国内に積極的に新自由主義を取り入れ、金融業のグローバル化を図った。結果、ロンドンシティをニューヨークのウォールストリートに次ぐ世界第二の金融街に塗り替えた。

ドイツのフランクフルトにユーロ圏の拠点「欧州中央銀行」が誕生したことは、イギリス人にとっては最大の脅威であり死活問題だったのだ。サッチャーがドイツ統一に強硬に反対し、絶対にゴーサインを出してはならぬと絶叫した理由は、このECB＝ドイツの恐怖もあったからだ。

要するに何が言いたいかというと、欧州連合とは言うものの、海千山千の強《したた》かな同志の寄り合い所帯で、とりわけヨーロッパの三大国である英仏独にあっては、そのプライドだけでも、力関係で左右されるばかりか、時代によってその力関係は常に変遷してきた。

少なくとも、ドイツが東西再統一を果たす前、東西ドイツ分断国家だったころは、英仏が第二次世界大戦における戦勝国ゆえの特権を行使し、ドイツを睥睨《へいげい》したものだった。その特権を失うまいとして、サッチャーとミッテランがドイツ統一をあらゆる手を使って妨害して見せた。けれどもその後、見る見るうちにドイツ経済が疲弊し、「欧州の病人」と揶揄《やゆ》されるばかりの変貌《へんぼう》を遂げ、二人はどれだけ溜飲《りゅういん》を下げたことか。「それ見ろ。ドイツ再統一などという大博打に手を染めたばかりに、見る見るうち経済後退シンドロームに陥って四苦八苦しているではないか」……。

新規の国債発行がゼロに！

ところがどうだ。ここがドイツの底力である。

「ベルリンの壁」崩壊から四分の一世紀を迎えた二〇一五年の今日、ドイツのショイブレ財務相が、ドイツ連邦議会において二〇一五年度予算案について説明し、「ドイツはようやく財政再建に成功し、翌二〇一六年の新規国債発行がゼロになる見通しとなった」というビッグニュースを公表したのだ。旧西ドイツ時代も含め新規国債がゼロとなるのは、何と四六年ぶり、遡《さかのぼ》ること、「ベルリンの壁」構築一年前の一九六〇年以来とのことである。

ちなみにその数字だが、二〇一四年度におけるドイツ連邦政府の歳出見込みは約二九六五億ユーロ（約四一兆円）、対して歳入は二八九八億ユーロ。というわけで、歳入と歳出はほぼ均衡する。したがって、ドイツ新規国債発行をゼロにすることが可能になったというのだ。

それにしても、なぜドイツはこのような神業的事業が成功し、例のドン底景気から這《は》い上がることができたのだろうか。

「ドイツ統一の父」と称せられたコール首相が連邦議会選挙で破れ、一六年間の長きにわたる政権を明け渡し、第一党となった社会民主党（SPD）が議会第一党となり、「緑の党」と連立を組み、政権を担うことになったのは一九九八年だった。そこでドイツ連邦共和国第七代首相に選出されたのがSPDのシュレーダーだった。

私など、このニュースに接したとたん、「えっ、反原発と自然エネルギーの推進、反核兵器・反軍国主義・反NATOと平和主義、反消費社会と循環型社会が主な党規の『緑の党』と連立を組んで、いったいドイツの政治はどうなっていくのだろう」と一瞬不安になったものだった。

何しろ、シュレーダーが首相に就任するや、よりにもよって、「緑の党」のフィッシャーを内閣のナンバー二である副首相兼外務相に指名したというのだから。

若気の至りとはいえ、フィッシャーといえば、一九六八年に始まった世界的な学生運動におけるドイツでの左翼過激派一派「革命闘争」のメンバーで、かつて、火炎瓶を投げるような警官隊との激しい衝突では、十数名の警官が重傷を負ったそのデモに参加していた一人だった。

その後、仲間と政党を立ち上げ政治家に転向し、やがて「緑の党」に所属して、頭角を現わし、一九八三年には連邦議会で初めて議席を獲得した「緑の党」連邦議会議員に選出された。当時「緑の党」は議員の椅子《いす》を党員の持ち回り制にしていたことでその党規に従って、いったん一九八五年に議員を辞し、連邦議会から遠ざかった。どうするのかなと思ってみていたところ、その後ヘッセン州に姿を現わし、州議会議員として重職についた。その宣誓式に彼は、薄汚れたジャケットとスニーカー姿（当時の議員の服装は、背広で革靴を履いていた）で登場して宣誓を行なったことで、「スニーカー大臣」と話題になったものだ。

その彼がヘッセン州議員を棒に振って、再度連邦議会選挙に挑戦し当選したのは一九九四年のことで、その後も彼は順調に連邦議員の出世階段を登り、シュレーダーが政権を取った時点で、副首相兼外務大臣の席を射止めることになったというわけである。

最初は、どうなることかと多くのドイツ国民は固唾《かたず》を呑《の》んでみていたものだ。ところが、何と彼は大役を引き受けたとたん、政権人に変身してしまった。

ある時偶然フランクフルトの本屋で、フィッシャーを知る人物と出会い、立ち話をしたところ、彼女ははき捨てるように「彼は、裏切り者だ。顔も見たくない」と言ってのけた。

そういわれてみると、確かに、シュレーダー首相に乞《こ》われ重要なポストに就いたとたん、フィッシャーは現実政治に立ち戻っていた。それが彼女にとっては気に入らなかったに違いない。

たとえば一九九九年に勃発したコソボ紛争では、「緑の党」内が賛成派と反対派で分かれ、激しく対立する中、フィッシャーは、ドイツにとって戦後初のドイツ連邦軍海外派遣となる集団的自衛権を適用し、NATO軍の一因としてコソボ空爆にゴーサインを出している。このため、「緑の党」党大会で彼は戦争犯罪人呼ばわりをされ、「緑の党」原理派の一人から「血」を想起させる赤いペンキを投げつけられ鼓膜障害を起こした。

いずれにしても、就任当初「緑の党」所属議員であるがゆえにあらゆる分野から非難され警戒されたフィッシャー！　ところがその後、アメリカの民主党クリントン政権下のオルブライト国務長官をはじめ、政権交代で共和党ブッシュ・ジュニアが大統領に選出され、パウエル国務長官が登板したが、その彼からも信頼されて、憎めない、愛する外務大臣として一目をおかれるようになった。
シュレーダーの鑑識眼には狂いはなかったのだ。

痛みを伴う構造改革に取り組んだ

話を戻すと、そのシュレーダーだが、第一次シュレーダー政権では二〇〇一年九月十一日に同時多発テロ事件が発生し、その善後策のため、終始、外交問題に専念しなければならなかった。ミッテラン退任後、後任のシラクとともに、イラク戦争反対の立場をとって派兵はしなかったものの、同時にドイツは、米国との「無制限連帯」を表明し、ドイツ連邦軍をNATOの一員としてアフガニスタン国際治安支援部隊（ISAF）に派遣することにしたのは、これまさにシュレーダーの外交手腕によるものだった。

と同時に、「欧州の病人」という汚名を払拭《ふっしょく》し、「第二の英国病」ならぬ「ドイツ病」に罹《かか》らないように、イギリスのサッチャーが八〇年代に断行したと同様、シュレーダーも強い政治のリーダーシップを発揮することで、思い切って痛みを伴う構造改革に取り組むことにしたのだ。

シュレーダーが着手した政策はこうだ。

当時フォルクスワーゲン（VW）の労務担当重役ハルツをトップにおき「ハルツ委員会

報告書」を作成して、労働市場の柔軟化（人材派遣の活用、低賃金労働の拡大、解雇制限緩和）、失業給付と社会扶助の一本化、失業手当・失業扶助の期間短縮を盛り込んだことで、これまでと異なり、ドイツの労働政策が失業対策から雇用創出へ大きく舵を切るターニングポイントになった。

具体的には、

一．雇用主が期限付きの臨時雇用契約を結びやすくしたり、

二．経営上の理由による解雇の場合に補償金解決制度を導入したり、

あるいは

三．中小の雇用主に解雇制限法の適用除外を認めるなどして労働市場の柔軟性を高めた。

しかも、失業者対策として、

四．失業給付はそれまで三二カ月間にわたって失業前給与の六七％、その後も五七歳まで無期限で支払われていた政策にストップを掛け、新ハルツ改革では五五歳未満は一二カ月、五五歳以上は一八カ月に給付期間が短縮された……。

こうした労働市場改革によって、それまで、世界一高いと言われたドイツの労働コストは抑制されることになり、結果、産業の国内回帰や他の欧州連合（ＥＵ）諸国などに対する競争力強化と回復に寄与している。

法人税減税でドイツ企業の競争力を強化した

　このような構造改革で、成熟した資本主義国が陥りやすい先進国病である少子高齢化、社会保障費増大、産業空洞化、それに伴う失業率の上昇などの問題に対して労働市場の柔軟化、社会保障制度改革、国内の規制緩和を断行することが強い経済を取り戻す唯一無二の解決策として、思い切ってメスを入れることにした。結果、そう簡単には抜け出せない低迷経済から見事に脱出を図り見事に成功したのである。

　今一つ、忘れてならないのは、労働市場改革と平行して税制改革も実施したことだ。二〇〇五年からは地方税を合わせた法人実効税率も五二％から三九％に大幅に引き下げられ、何と当時、国際レベルで見ると、日米仏を下回る水準となっている。加えて、法人税について、これまで内部留保（四〇％）と配当利益（三〇％）への課税率が異なっていたのが、一本化され二五％となった。

　このような一連の社会保障負担軽減や法人税減税で企業負担を軽減し、最終的にはドイツ企業の国際競争力の強化と同時に、財政赤字の削減を図るという「一石二鳥」を狙ったものだった。

　しかも、こうしたマクロ経済政策が効果を発揮する条件として、供給サイド、つまりミクロの企業制度改革が必要不可欠であることは言うまでもない。特に米英両国のアングロサクソン型資本主義に対して、日本と同様、ドイツ・ゲルマン型資本主義を踏襲してきたドイツは、間接金融が中心で、したがって株主のみならず、従業員、取引先、顧客などステークホルダー全体をカットするのでなく、逆に重要視し、終身雇用・年功序列を採用するといった特徴を有していた。このこともシュレーダーが着手した構造改革ではわすれてはならない。

そういう意味では、ハルツの「アゲンダ二〇一〇」改革は、余りにもグローバル化や成長戦略に偏りすぎて、シュレーダーが所属する社会民主党（ＳＰＤ）では、伝統的に労働組合を支持基盤しているがゆえに、行き過ぎとの批判をうけることにもなってしまった。

高い失業率や保険制度改革（削減）が不評だったばかりではない。二〇〇五年一月に入ると、失業者が五〇〇万人を軽く突破してしまった中で、同時期、ハルツ四法が施行され、失業給付の大幅な引き下げ、給付期間の短縮、長期失業者に対する給付と生活保護給付の統合が維持されるというので、市民団体や労働組合などが「社会格差を招来する危険が生じる」として、強硬に反対したうえ、党員の急速なＳＰＤ離れが生じ、見る見るうちに支持率が下がりはじめたのだ。

ドイツ構造改革を一気に進めた初の女性首相・メルケル

「それでは」というので、シュレーダー政権は連邦議会を解散し国民の意思を問うことにすることにした。結果は、予想通り社民党不評で、僅差《きんさ》とはいえ、メルケル率いるキリスト教民主同盟（CDU）に破れ、第二党に転落してしまった。

とはいえ、第一党になったとはいえ、CDUは姉妹党であるキリスト教社会同盟（CSU）をあわせても絶対多数とならないことがわかり、最終的には第二党に滑り落ちた社民党（SPD）と大連立政権を樹立することにした。

CDU＋CSU＋SPDによる大連立政権は三九年ぶりである。加えてドイツ史上、初の女性首相メルケルが誕生した。しかも、彼女は旧東独出身者だった。

その彼女が、ドイツ構造改革のアクセルを一挙に踏み込んだのである。

社民党との連立内閣で、シュレーダーの手による「構造改革」が総選挙前は不評だったにもかかわらず、この時期、再び息を吹き返したからで、メルケル政権にとってはまさに「棚からボタモチ」だったのであり、一方社民党としてもメルケルとの連立で念願の「構造改革」が晴れて日の目をみることとなり、万々歳だったのだ。

結果、見事に不景気をクリアして、このところドイツの景気は好調で、それだけに、またもやユーロ加盟国から、羨望《せんぼう》の目が注がれる一方、ジェラシーで足を引っ張られる状況にある。

それはそうだろう。

ユーロ圏における平均失業率は一二％であり、ギリシャとスペインでは失業率二〇％超で、若者の失業率にいたっては、二五歳以下で五〇％を越えている。

一方、ドイツはというと、失業率約五・五％。ドイツの製造業界では、特殊技能を取得しているエンジニアなどが絶対的に不足しており、このため失業中の南欧の熟練職人やエンジニアがドイツへ移動し、就職活動に精を出している。

ここ数年、貿易黒字続きで、ドイツのみが「独り勝ち」の状況にあるのだ。

これまさに、シュレーダーの功績といっていい。思い切った構造改革を断行したことで、支持者から見放され、そのため政治に見限り政界を去ったシュレーダー！　その彼が蒔いたタネが、次期メルケル政権で見事に結実したとみていいからだ。

その一方では、メルケルはシュレーダーのみならずその政権が残していったある課題、つまりメルケルとしては「負の遺産」で振り回されることになったことも忘れてはならない。

原子力発電に対するメルケルの姿勢はふらついていた

「緑の党」と連立を組んだシュレーダー政権は、「緑の党」の意を汲《く》んで二〇〇〇年に、「脱原子力合意」を成立させ、ついで、電力会社との間で原子炉の最長稼働年数拡大法を制定した。一般的には「脱原子力法」といわれ、ドイツの歴史上、初の原発全廃を法制化した。

ところが、メルケル第二次政権は、二〇〇九年九月の総選挙でメルケル率いるCDU／CSUが勝利したことで、SPDとの大連立を解消し、新たに（小）政党とはいえ、二ケタ台の支持率を獲得した自由民主党（FDP）と連立政権を組むことにした。

FDPの支持層は主として高所得層、高学歴層といわれて階層、主に企業家、自営業、医師、薬剤師、弁護士、会計士らで占められ、労働者階級とは一線を画している。

第一次メルケル政権における脱原発政策においては、社民党と連立を組んでいることもあって、原発に関してはそっとしておく方針だった。もともと、メルケルは脱原発に懐疑的で「再生可能エネルギーが原子力エネルギー廃止の穴埋めができるほど発達していない」とコメントを出したほどである。そのメルケルである。FDPと連立を組むことになった第二次メルケル政権樹立を機に、ここぞとばかり、翌二〇一〇年に脱原発期限延長を取り決めたのだ。と同時に、電力会社に対して、稼働年数延長の代償として新規に核燃料税を設定し、その納税を義務づけた。

ところが、このディールのいきさつを知ったドイツ国民から、思いもかけぬ反応、つまり原発推進反対という立場から、メルケルに対して激しい非難の声が挙がったのだ。

しかも悪いことは重なるもので、当時二〇一〇年といえば、ギリシャ財政破綻＋隠蔽《いんぺい》粉飾事件が露呈した直後で、にもかかわらず、ドイツがその財政支援の大半を行なうことで、国民の怒りは倍加してしまい、左（脱原発）と右（反ギリシャ金融支援）から挟み撃ちのかたちで怨嗟《えんさ》の声が起こり、メルケル政権支持率に悪影響をきたし、その支持率たるや、一挙に六〇％台から四〇％台まで落ち込んでしまった。

とりわけ、原発不信をキャッチフレーズにしたこの時とばかりの「緑の党」の巧みな世相誘導作戦が功を奏し、地方議会選挙において次々と議席を伸ばし、片やメルケル率いる与党はその後退たるや一時はどうなることかと戦々恐々としていたのだ。

その矢先、翌二〇一一年三月十一日、例の東日本大震災のニュースがメルケルの耳にも飛び込んできた。さっそくメルケルは方針を一八〇度転換し、国内原発の稼働延長を凍結してしまった。

この措置は正解だった。というのは戦後保守王国としてその名をドイツに知らしめてきた南ドイツのバーデン・ヴュルテンベルク州が、東日本大震災直後の議会選挙で緑の党が第二党となり、第三党のＳＰＤと連立を組み、緑の党出身者が初めて州首相の地位を獲得したからだ。

この辺がメルケルの政治に対するカンといっていいのかもしれない。

つまり、「フクシマの事件は、メルケルにとっては自党支持回復のための格好の事件だったのだ」と当地ではその筋のエキスパートの間でひそひそ語られているからだ。

もっとも、ここまで来てしまったからには、ドイツは再び原発再稼動という方向に流れを変えることは、よほどのことがない限りないと私は思っている。

それには三つの理由がある。

一つは、現時点ではドイツ他国、とりわけ欧州各国の中で、トップといわれるまでに景気が好調であること。

二つは、今や、原発がなくても、代わりのエネルギーがある。たとえば天然ガスは、北ルートでロシアから直接パイプラインを引いて輸入している。しかもここ数十年、再生エネルギー開発に力を入れたことで、その技術における進歩も出来高も、原発エネルギーをしのぐまでに日進月歩で技術開発が進んでいるうえ、需要も日に日に多くなっている。

加えて三つ目は、これがドイツ人の典型的なメンタリティであるのだが、国民の多くは、質素堅実なうえ、常にゼロの立場にあって、物を生み出すエネルギーを持っていることだ。

もっとも近隣諸国にあっては、このゲルマン・メンタリティが鼻について煙たくてならない。したがってついジェラシーから嫌みも言いたくなるし、嫌がらせやイジワルの一つもしてみたくなるという。

ヨーロッパ人には、日本人にはない一筋縄ではいかない強かさがある。

恐らく、忍耐強い戦略が、長年にわたって欧州人一人ひとりに培われてきたからにちがいあるまい。その仕掛け人が、誰あろうドイツ人であることを忘れてはなるまい。

それにしても、なぜドイツ人がこうした役割を演じる強かさを身につけるにいたったのであろうか。

2章　ドイツ人捕虜一一〇〇万人の運命

——悲惨な抑留体験から見る戦争の本質

勝者の掟《おきて》、敗者の掟

戦争とは何か。

クラウゼヴィッツの『戦争論』によると「戦争とは相手にわが意思を強要するために行なう力の行使である」。したがって「国際法や慣習という名目の制限規定は、ほとんど言うに足らないもので、この力を決定的に弱めるにはいたらない」。平たくいえば、戦争とは勝つことが絶対条件であり、この条件を満たさなければ、法も慣習も、何の役にも立たないばかりか意味もない。「勝てば官軍、負ければ賊軍」とはよく言ったもので、戦争に勝つことによって、正義も彼らのものとなる。「クロ」を「シロ」にするのもそうで、たとえ、それが世間知による法や慣習の前で不条理であろうと、勝者の前では敗者は「問答無用」、ただ黙って服従するしかない。

第二次世界大戦の結末も、そうだった。

とりわけ旧ソ連による戦争捕虜に対する悲惨を極めた奴隷的処遇は、今も語り草になっている。ソ連は、第二次世界大戦末期において「日ソ中立条約」を一方的に破棄し、日本に宣戦したばかりか、戦後は日本軍人を捕虜にし、極寒のシベリアで強制労働を課した。その数は六〇万人ともいわれ、死者も相当数にのぼった。

実は、スターリンはヤルタ会談の席上で、ルーズベルトとチャーチルを言葉巧みにいいくるめ、関東軍、朝鮮軍、北方軍合わせ六二万数千人の軍人の武装解除と、彼らをシベリアへ連行して強制労働させることを認めさせる密約をとりつけていたのである。

アメリカが広島に続いて、長崎に原爆を投下したのは一九四五年八月九日のこと。タイミングをはかるかのように、この日の午前零時、ソ連軍はソ満国境を越え、日本軍に襲いかかった。

当時の記録によると、この知らせを受けた日本軍は、満州在住の一六歳以上の日本男子開拓団員に「防衛召集」を発令し、急遽《きゅうきょ》防戦体制の強化を図っている。

私は当時六歳だったが、ハルビンで手広く事業を行なっていた父の親友にもこの「防衛召集」が舞い込み、新妻を残し、後ろ髪を引かれるような思いで戦地へと発《た》っていったその姿を微《かす》かに記憶している。

日本の敗戦は、一九四五年八月十五日。その日、日本陸軍は直《ただ》ちに「帝国陸軍復員要領」を発表して、内外駐留軍の復員業務に取り組みはじめた。

そこへ突如舞い込んできたのが、スターリンによる「日本兵捕虜全員シベリア移送」命令だった。スターリンにとって、拘束していた六〇万人余の日本兵は、これぞまさに戦勝国に許される、「生きた戦利品」だったからだ。

当時の記録から複数の証言を整理してみると、スターリンの目的は二つあったといわれている。

一つは貴重な人的資源として奴隷同様に酷使し、シベリア開発に駆り出すこと。

二つは、いずれ生き残りの日本兵捕虜は日本へ帰すとして、その彼らに、抑留中、赤色イデオロギーを徹底的に刷り込み、アメリカの占領国となった日本に共産化工作を仕掛けることだ。すなわち日米間に楔《くさび》を打ち込み、最終的には日本を共産主義国としてソ連の隷属下におくことであった。

スターリンの要求はさらにエスカレートする。日本降伏の翌十六日、ルーズベルトの後を継いだ米大統領トルーマンに秘密書簡を送り、「北海道北半分（釧路《くしろ》・留萌《るもい》を結ぶ線より以北）占領」を要求したのである。この要求はトルーマンが即刻拒絶し、事なきを得たが、戦勝国が敗戦国に対し、「瀕死の子羊に群がる鷹《たか》」のごとく、二度と立ち上がれないように破壊しつくし、領土や宝物をことごとく収奪し、敗残兵を戦利品の一部として、家畜同様に処遇する行為は、何も珍しいことではなく、すでにローマ時代から脈々と継承してきた欧米における戦争の原則＝イロハで、戦争とは、そのリスクを重々承知のうえで、始めるしかないのだ。

「無条件降伏」をめぐる日独の違い

日本に対して、連合国による戦後処理の総仕上げが行なわれたのは、一九四五年七月十七日からベルリン郊外ポツダムにあるツェツィーリエンホーフ宮殿においてであった。スターリン、トルーマン、そして総選挙でチャーチルが敗退したことで新しく登場したアトリーによるポツダム会談である。その結果、日本は「無条件降伏」を迫られ、有無《うむ》を言わさず、一方的に戦勝国に征服されることになった。

そもそも「無条件降伏」という用語だが、もともとの提唱者はルーズベルトで、アメリカにおける「南北戦争」において使用されたのを念頭に、この用語を持ち出したのが事の始まりである。ルーズベルトとしては、一つは米国民、とりわけ米兵士に対する戦意高揚、二つは第二次世界大戦の戦後の主導権はアメリカにあることをアピールするために、一種のイメージ作り＝プロパガンダとしてこの用語を使ったといわれている。

この日独戦後処理をめぐる米ソの水面下における駆け引きでは、すでにスターリンのほうが優勢だった。なぜならルーズベルトを取り巻く側近に、スターリンの息の掛かった大物スパイ、たとえば当時財務次官補だったハリー・ホワイトなどが暗躍していて、ホワイトハウスの動向は、ソ連側に筒抜けになっていたからだ。

ところが、日本はそのころ、何と中立条約を結んでいたソ連に、連合国との和平工作の仲介を依頼していたという有様で、ヤルタの秘密協定（密約）のことなど、戦後の一九四六年二月十一日、アメリカが公表したことで初めて知るという始末だった。

日本が受諾したポツダム宣言十三条に関しては、今日にいたってもなお、あの宣言は無条件降伏でなかったとする説と、あったとする説が、ときどき降って湧いたように浮上し、専門家の間で真面目に討議されることがある。だが、この議論自体、「戦争に負け、勝者に占領されるということがどういうことであるか」を真に理解していない、その何よりもの証拠であろう。

何しろ一九四三年十一月のテヘラン会議における三巨頭の対独姿勢は、徹底的にドイツを打ち砕くことで一致しており、彼らは「ドイツの陸・海・空軍、そして軍需産業破壊において、我々は誰一人としてその破壊を妨害しない。我々のドイツ攻撃は呵責《かしゃく》のないものでありつづけること」と誓いを立てていたのだ。日本が例外であるはずはない。

こんなところにも、日本は欧米における戦争の概念と大いなる温度差がある。よく言えば世間知らずのお人好し、おぼっちゃんであり、わるくいえば、愚鈍である。

一方、その正反対にあるのがドイツで、国際政治の現実を充分に知り尽くしている。それであればこそ、ドイツの戦後は、あえて敗者の運命に身を甘んじ、勝者の言い分は受け入れつつ、死に物狂いで、自国の名誉回復に精魂を傾けてきたのだ。

テヘラン会議終了後のパーティでは、次のような会話が交わされたとある。

「スターリンはルーズベルトと酒を酌み交わしながら、突然、ルーズベルトに近づき、他愛のない会話に見せかけ『終戦にあっては、ドイツ軍将校五万人処刑』を提案し、ルーズベルトは即座に『四万九五〇〇人』と答えていた」

（ポール・ラッシンラー著『何が真実か』）

この事実は一九五五年三月中旬、極秘とされてきたスターリンとルーズベルトによるメモや電文がメディアに流出したことから明らかになったもので、事実を知ったドイツ国民は、激怒しながら、「戦争に負けたのだから仕方がないか」と嘆息している。

フランス「外人部隊」の主力を担《にな》った旧ドイツ軍兵士たち

たとえば、フランスでは次のような事実がある。フランスには外人部隊があるのは周知のとおりである。そもそもフランスの外人部隊は、主としてアフリカのフランス植民地の番人として一八三一年に創設された組織である。

この外人部隊に戦後、ドイツ人戦争捕虜の多くが応募し、一時は総数三万五〇〇〇人中、三分の二はドイツ人兵士やナチス親衛隊によって占められた。当時は重犯罪人といえど、犯罪歴は一切問われず、旧姓を抹殺《まっさつ》して、新しい姓名を名乗れば入隊できた。フランス側もそれをフルに活用し、オモテ向きは、あたかもナチスの残党狩りに躍起になっているように見せかけつつ、ウラで外人部隊にナチスの生き残りを組み入れ、植民地独立運動弾圧のために使役していたのである。

インドシナ戦争もその一つで、この戦争は第二次世界大戦後間もない一九四六年に開始されただけに、五年もの長期にわたる大戦で、すっかり厭戦《えんせん》ムードに包まれていたフランス国民にとって、外人部隊の存在は大歓迎だった。

一九五四年に勃発したアルジェリア戦争でも外人部隊の中核を担い、フランスへの貢献を果たしたのはドイツ人兵士だった。

つい最近、その一人が、「実は、これこそフランスの強《したた》かな一面でしてね。その辺のウラ事情をドイツ人は熟知していましたから、あの外人部隊内では、ドイツ人兵士は集まると、世間ではとっくにタブーになっていたドイツの軍歌をこれ見よがしに堂々と歌ったりしていたものでした」と語ってくれた。

とはいうものの、所詮《しょせん》ドイツは敗戦国なのである。

戦勝国のこうしたトリックに逆らったり、抗議するなど思いもよらず、ただ黙々と、時が到来するのをじっと堪《た》え、待つしかなかったのだ。

日本とは桁《けた》違いのドイツ人捕虜の数

しかしそれにしても第二次世界大戦は悲惨極まりなかった。死者の総数は五〇〇〇万人といわれ、中には三四〇〇万人に及ぶ一般市民（非戦闘員）が含まれている。

ほかにも、戦勝国に領土割譲を強《し》いられたり領土権剝奪《はくだつ》にあって、長年「ふるさと」として住み慣れた地を追放されたり、本国への強制引揚げの途中命を落とした一般市民は数え切れない。日本では戦後シベリアに抑留された六〇万人の捕虜のことがクローズアップされるが、ドイツは日本とは比較にならない多くの「ヒト」という戦利品が、囚《とら》われの身として過酷な運命に翻弄されることになった。その数は日本とは桁《けた》違いであり、その実数を把握することは、とうてい困難である。

イギリスにおけるドイツ人捕虜の扱い

戦勝国によるドイツの戦争捕虜に対する取り扱いが、一体どのようなものだったのか。まずイギリスから始めよう。

この国は他のどの連合国よりも早く、一九四〇年六月の「ダンケルクの戦い」で、ドイツ兵を捕虜にしている。この戦いで英国軍は、ドイツ軍に追い詰められ窮地に陥ったダンケルクの英仏両軍救出に成功した。その際、英国軍はドイツの潜水艦の乗組員やパイロットの多くを捕虜にした。

さすがに情報戦に長《た》けたイギリスである。捕虜収容所の要所要所（将校クラスの捕虜は城および邸宅に拘禁）に盗聴器を取り付け、彼らが交わす会話を一部始終盗聴し、対独作戦に活用している。この盗聴で、ドイツのユダヤ人対策や対ソ戦情報など、かなり早い時期に掌握《しょうあく》しており、用済みになった捕虜は、旧植民地カナダ、ケニア、南アフリカやオーストラリアに送り込んだばかりか、一部はアメリカにも引き取らせている。

終戦直後、英国本土にドイツ兵捕虜がわずか二〇〇〇人しかいなかったのはそのためで、こうすることで地理的に近い英独両国での二重三重スパイの暗躍を、水際で食い止めたのだ。

終戦後は東欧諸国含め欧州各地、さらにアメリカやカナダ帰りの捕虜も引き取り、その数は最も多い一九四六年には四〇万二二〇〇人に達し、収容所の数も三三〇カ所に上った。建物はバラックで湿気が多く、病人も多く出た。労働は農夫としての仕事が主で、最初のころは、ドイツ捕虜に対する市民の感情は冷たかったが、やがてドイツ兵士の勤勉さや誠実さを目にしたイギリス市民は、徐々に家族同様の待遇をするようになった。

一九四七年全員釈放されたが、その時点で約二万五〇〇〇人のドイツ人捕虜がイギリス人女性と結婚し、英国永住権を取得した。

アメリカから他国に売り渡されたドイツ人捕虜

次はアメリカだが、一九四二年十一月八日、一〇万人の米陸軍部隊が北アフリカに上陸、「砂漠の狐」としてその名を知らしめたドイツの名将ロンメルの指揮下にあったドイツ兵四〇〇〇人を捕虜にしたのが、米軍によるドイツ兵捕虜の初めだった。その後アフリカ作戦で優位に立ったアメリカは、次々とドイツとイタリア兵を捕虜にし、本国五〇〇カ所の捕虜収容所に送り込んだ。

もっともドイツ兵にとって、アメリカでの捕虜生活は他のどの国よりも快適だった。米兵とほぼ同じ待遇で、彼らは、戦場の不安や緊張の日々から解放され、大牧場での農作業や、工場における手作業に従事し、週末には、収容所内でスポーツや読書を楽しんだり、映画鑑賞の機会を与えられたばかりか、時にはツアーを組んで観光旅行まで許された。

食事も朝食はコーンフレークや白パン、昼食はポーク、夜食はステーキと、普段とまったく変わらず、中には体重が増えたドイツ兵も少なくなかった。

やがてこの快適な捕虜生活は、一九四五年五月八日ドイツが降伏すると、一変してしまう。ドイツの強制収容所におけるユダヤ人虐殺の実態が明らかになり、周囲のムードは急速にとげとげしくなっていったからだ。

九月になって、アメリカから欧州への帰還が許され、ようやく故郷の土が踏めると喜んだのもつかの間、実は彼ら戦争捕虜は欧州の戦勝国の要求に従ってアメリカから各国へ引き渡され、賠償の一部として、復興作業の労働力に供されることになってしまった。

その数は、判明しているだけでも、フランスへ七四万人、イギリスへ一二万三〇〇〇人、オランダへ一万四〇〇〇人、ベルギーへ三万人、ルクセンブルクへ五〇〇〇人にのぼる。さらにポーランドやチェコスロバキア、ソ連からも引渡しの要求があり、アメリカはこれに応じている。

このほかにも、欧州戦線（主としてフランスなど西部）で新たに米軍の捕虜となったドイツ兵（看護婦など女性も含め）は約一〇〇〇万人にのぼり、彼らはドイツ側のライン河岸近辺の野原に有刺鉄線のフェンスで囲んだだけで、雨露をしのぐ場所もない即席の簡易捕虜収容所二十数ヵ所に、拘留された。

逃亡を企てようものなら、即射殺である。

さすがに女性捕虜には見かねて、数日後テントが用意されたが、男子捕虜には、数日間、食事も飲料水も与えず、思い余って自分の尿を呑んで喉《のど》を潤《うるお》した兵士や、穴を掘って寒さをしのいだ兵士もいた。アメリカの捕虜になれば、ヒューマニズムに則り戦争捕虜保護を規定したジュネーブ条約に沿って手厚く取り扱われると信じていた彼らの楽観的な観測は、見事に裏切られてしまった。

この簡易捕虜収容所は、一九四五年四月から七月まで設置されたが、その後、閉鎖され、捕虜の大半は何とフランスに引き渡されてしまった。

復讐の対象とされたフランスのドイツ人捕虜

そのフランスといえば、先述した一九四〇年六月の「ダンケルクの戦い」以後、対ドイツ戦では負け戦の連続で、最終的には首都パリを放棄した挙句《あげく》、ドイツに降伏した。以後フランス国内ではペタン元帥《げんすい》率いるナチスドイツ傀儡《かいらい》政府ヴィシー政権が樹立され、フランスは実質上、ドイツの配下におかれた。

常日頃、自分たちが田舎人間と陰口をたたき、粗野な国民と蔑《さげす》んできたドイツ人＝ゲルマン人に降伏し、国土を牛耳られることになったのだから、その屈辱は言語に絶するものがあった。

そこへ連合軍のノルマンディ上陸作戦の勝利のニュースが飛び込んできた。一九四四年六月六日のことである。フランス国民が沸いたのは無理もない。

同時に、ドイツ人に対する「復讐」の炎が、あたかも火に油を注ぐ勢いで、全国に拡がっていった。彼らフランス人たちは、フランス軍の捕虜として捕虜収容所への長い道のりを力なくうつむき加減でとぼとぼと足取りもおぼつかなく歩みを進めるドイツ敗残兵目掛けて、口汚く罵《ののし》ったり、つばを吐き掛けたり、投石したりする。

復讐の炎は、ドイツ兵と情を通じていたフランス女性たちにも飛び火した。彼女たちは、見せしめのため公衆の面前で、いきなりバリカンで頭を丸刈りにされたり、首すじにナチスのカギ十字を彫られたり、時に暴力を振るわれたのである。

ドイツ人戦争捕虜たちは、道路や破壊された建物の復旧や、炭鉱夫として駆り出されたり、農作物収穫のために農作業に従事しただけではない。ドイツ軍によって一三〇〇万個の地雷が埋められたという理由から、約七万人のドイツ兵士が、何の予備知識もないまま、いきなり素手で地雷除去作業を強制され、作業中の事故では約一万人が命を落としている。

嫌がらせや殴打は日常茶飯事で、当時一九歳だった私の知人はあるとき、「昼間、ドイツの畜生が破壊した道路だから復興せよと道路工事に駆り出され、一日一〇〇〇カロリーにも満たないわずかの食事で空きっ腹をかかえ力仕事に従事して収容所に帰ってきたら、見張りのフランス兵が愛犬に肉をこれ見よがしに食わせていた」とフランスにおける捕虜生活を語ってくれたことがある。

悲惨のきわみ、ソ連の捕虜生活

これに輪を掛けて悲惨だったのが、ソ連における捕虜生活だった。そのソ連においては、すでに第二次世界大戦の初期一九四一年「独ソ戦」においてスターリンの長男ヤーコフがドイツ軍の手に落ちたばかりか、脱走を試み、見張り兵に射殺されたのをはじめ、総計約五三〇万人が捕虜になり、約二一〇万人が亡くなるという、ドイツ捕虜収容所におけるソ連兵士の悲惨な捕虜生活があったことを忘れてはならない。

多くは飢餓によるもので、「仲間の人肉で飢えをしのいだ兵士も少なくなかった」と生き残りの元ソ連兵士は語っている。それだけに、ドイツが負け戦になってからのソ連兵による報復は熾烈《しれつ》だった。

一九四二年二月二十三日、スターリンは早くも、ソ連兵がドイツ兵士を捕まえたなら、「生きた屍《しかばね》として捕虜にし酷使するか、殺害するか、二つの選択肢しかない」と明言している。

猜疑心の虜《とりこ》だったスターリンは、ドイツ軍の手から多くのソ連兵士を解放した際も、軍に戻すようなことをせず、ドイツ人戦争捕虜とともにシベリアに移送してしまった。理由は、「一度敵の手に落ち捕虜になった者は、ソ連国家にとって危険人物であり、スパイとみなさなければならない」というものである。

自国の兵士にすらこの有様である。敵国の兵士にとってソ連における捕虜生活は、筆舌に尽くせない悲惨なものだった。シベリアから帰還した多くの日本軍人が、その経験を手記にまとめて発表しているが、ドイツ人戦争捕虜の生活も同様で、九死に一生を得て故国にたどり着いた兵士たちは誰しも、口をそろえて「地獄よりも悲惨な日々だった」と、苦しかったシベリアの捕虜生活を語っている。

九万人中、四万人が命を落とした「死の行進」

ソ連にはモスクワ近辺を含め、約五〇〇〇ヵ所もの戦争捕虜収容所が全国に点在していた。捕虜たちは、まずモスクワ近郊の仮収容所にしばらく収容されたのち、貨車に詰め込まれ、シベリアの奥地へと向かう。

最初にソ連側が大量のドイツ兵士を捕虜として拘束したのは、一九四三年一月末、スターリングラードの戦いでドイツ軍が降伏したときのことである。

二五〇〇人の将校（うち二四人は枢軸国ドイツとルーマニアの大将）を含む九万人の兵士たちは零下三一度の極寒のなか、収容所まで昼夜とも飲まず食わずで歩きつづけている。

途中動けなくなった兵士は、容赦なく射殺され、たどり着くまでに四万人！　もの兵士が命を落としただけではない。結果的に命をつないで生き残り、故国ドイツへ帰国できた兵士は、わずか六〇〇〇人に過ぎず、その「死の行進」は、日本軍によるバターン半島の「死の行進」の比ではなかった。

仮収容所といえど、暖房があるわけでなく、ベッドがあるわけでなく、床に腰を下ろして、吹き付ける吹雪をよけるだけが精一杯で、空腹を抱えて、いつ来るかわからないわずかの食事を待つのみなのである。

その一人はこう証言している。「ソ連側もこの大量の捕虜を受け入れるだけの準備が整っていなかった。彼らは自分の食事さえ充分に補給できない環境にあった。ましてや我々の分に気配りする余裕などあるはずがない。明けても暮れても、ただ食事を待つだけ。時々、ソ連の女医が入ってきて尋ねるのは『ところで、今日は何人死んだの』だけだった」と……。

だが、兵士たちには、さらに悲惨な運命が待ち受けていた。その後シベリアの奥地に貨車で運ばれていくなかで、「途中、死者が出る。すると着ていた軍服をはがして、丸裸にし、近くにいる者が着用して、振り落としてしまう」。行く先は凍土であり荒涼としたツンドラ地帯で、鉄条網を張り巡らした捕虜収容所である。一日一切れのパンと実のないスープで、強制労働に従事するのだから、一切れのパンとスープのために男同士の血みどろの格闘が始まる。

加えて、捕虜収容所に到着してからというもの、さらに捕虜たちを恐怖に陥れる仕置きが待ち受けていた。取調官によって、ナチス親衛隊（ＳＳ）狩りが行なわれ、ＳＳと判明した兵士はより過酷な環境におかれる。

「イデオロギーゆえに共産主義にのめりこんでいった者はさておき、捕虜生活の苦痛から逃れるために共産主義者を装い、ソ連兵に媚《こ》び、仲間の洗脳に力を貸すふりをする迎合者も登場する。一方で、少しでも長く生き残るために、皆、歯を食いしばり、お互いに励ましあい助けあう者もいる。裏切り、密告、リンチは、極限状態の中で日常茶飯事、何でもありでした。反面、同志意識も強く、収容所に待遇改善を訴え団体交渉を試みることもありました。体制の批判はタブーでしたが、上手に交渉すれば、その辺は大目にみてくれましたから」

と、その一人は語っている。

戦争捕虜から戦争犯罪人に「格上げ」された人たち

一九四七年三月、モスクワで米ソ英仏による外相会議が開催され、四カ国は翌一九四八年十二月二十一日、つまりクリスマス前までにドイツ人捕虜全員の釈放に同意した。もっとも全員釈放されたわけではない。この期《ご》に及んで戦争犯罪人裁判が行なわれ、約三万七〇〇〇人の捕虜がいきなり一〇年、一五年、二五年の判決を言い渡され服役することになってしまった。

多くは身に覚えのない冤罪《えんざい》で、裁判とは名ばかりで、弁護士などいるはずはなく、通訳こそついたものの、多くは捕虜に不利な誤訳を平然と行ない、一方的に身に覚えのない「濡れ衣」を着せて、過酷な判決を下すのが通例になっていた。

その一人は「僕はコーカサスで一万人ものソ連兵を射殺した罪で二五年の刑期を言い渡されました。一人で一万人も射殺できるわけなどないのに」と語り、またある一人は、「一時間に二五人に判決を下すというスピード即決裁判だった」と当時を振り返る。

こうしたなかで、募るのは望郷の念であり、毎日、強制労働を終えて収容所に戻り一息つくころ、一人二人と柵の近くに足を運び、西に沈む太陽を眺めつつ、妻子や両親に思いを馳《は》せ、いかにしたら脱走できるものかと考えた。

「けれども、故郷から何千キロも離れた雪原の中を、片言のロシア語しか話せないうえ、弱りきった体で一体どうやって、逃げ切れるものか。そう思うと、夢に見ることはあっても、天を仰いで、運命に身を任せ、諦《あきら》めるしかなかった」と生還者の一人は告白している。

中で脱走を試み成功した戦争捕虜が一人だけいた。当時一九歳のオットー・リアスで、彼は一九四五年ドイツ敗戦直後、釈放されることになったポーランド戦争捕虜に紛《まぎ》れ込み、約七週間後、ベルリンにたどり着いている。その秘訣について、「まず、自分はポーランド語を母国語のように話すことができたので、誰からも怪しまれずに済んだ。今ひとつ、必ず、自ら進んで番兵や警備兵に率先して声を掛け、親しくなるように心掛け、彼らを味方につけることにした」と語っている。

戦争捕虜釈放の際、他国の捕虜に紛れて脱走を試みたドイツ兵士は、他にも幾人かいたが、彼だけが、ソ連に抑留された捕虜三五〇万人中、唯一の脱走成功者として、後日名をあげることとなった。

一九五三年三月五日、スターリンが亡くなると、戦犯収容所の雰囲気もいくらか和《なご》やかになった。九月十三日には、アデナウアー西独首相が戦後初のモスクワ訪問を果たした。訪問には特別の飛行機二機が用意され、アデナウアー政権のそうそうたるメンバーとともに、ジャーナリスト八〇人が乗り込んだ。アデナウアー首相がモスクワ市内で利用するリムジンには盗聴防止装備が取り付けられる物々しさだった。空港にはブルガーニンに加え、フルシチョフが出迎えている。

一方この日は、ドイツの戦争捕虜たちも仕事から解放され、警備員の許しを得てラジオに耳を傾けることを許された。

最初に流れてきたのはドイツの国歌だった。捕虜の一人は「ドイツ国歌が流れるや、背筋がピーンと張りつめ、思わず起立してしまった。他の同志たちも皆起立し、一二年ぶりに聞く国歌に、感涙に咽《むせ》んだ」と語っている。

アデナウアーのモスクワ訪問の主要課題は、ソ連との国交樹立にあった。だが、今ひとつ、彼はドイツ戦争捕虜の全員救出という重要な課題を抱えていた。

交渉は難航をきわめた。

だが、ついにはソ連は戦犯という名の捕虜一万人を加害者被害者の区別なく、「一人残らず釈放する」と約束したのである。

一二年ぶりに故郷の土を踏むことになった捕虜たちは、西へ西へ、ドイツへと走る貨車にゆられ、ようやく西ドイツの片田舎の小さな駅に到着した。一九五五年十月六日のことである。

西ドイツ国民すべてが、指折り数えて待ち望んでいた彼らの祖国帰還であった。国民一人一人は国のために戦い、そして敗れ一二年間にわたり、遠く故郷から五〇〇〇キロも離れたシベリアの極地で、強制労働に駆り出されその苦難にもめげず、ようやく故郷へたどり着いた彼らに、心から「ご苦労様」と声を掛け温かく包み込むように迎えた。その一方で息子や夫、父の生存に最後の望みを掛け、出迎えに駆けつけながら、彼ら肉親に会えずに悲報を耳にし泣き崩れる家族たち！　国民は、その彼らにも労《いたわ》りの声を掛け励ますことを忘れなかった。

ドイツのメディアは、国民一人一人が、家々の窓を開け手を振り、広場では多くの市民や学童が国旗を手に出迎えている様子を詳しく知らせている。そして「ドイツ国民はこのアデナウアーのドイツ国民を思いやる温かい気持ちに対して、我々はその感謝の気持ちを忘れず、必ずやドイツの後世の歴史にその思いを深く刻み付けることだろう」と、その報道を結んだのである。

シベリア抑留の兵士に寄せられた陛下の和歌

そういえば、二〇〇七年五月、天皇皇后両陛下は、初めてバルト三国のエストニア、ラトビア、リトアニアを訪問された。

バルト三国の人口は合計約七三〇万人、愛知県の人口とほぼ同じで、面積は愛知県の約三分の一である。それほど小国で、第二次世界大戦後、ソ連に併合された。以後独立運動は根こそぎ弾圧され、発覚するとたちまち処刑、もしくはシベリアの僻地《へきち》に流刑された。バルト三国がそのソ連の圧制から解放されたのは、一九八九年の「ベルリンの壁」崩壊によってである。第二次世界大戦後、ソ連の隷属下におかれていた東欧諸国がいっせいに我も我もとソ連に背を向け、西側との絆《きずな》を構築しはじめたなか、バルト三国も例外ではなかった。

この機会を逃してはなるまいと、当時約二〇〇万人ものバルト三国の市民が、独立の誓いを立て六〇〇キロにわたって「人間の鎖」で、その願いを国際社会にアピールしたのだ。結果一九九一年八月、念願の独立を果たした。

天皇皇后両陛下は、訪問先のラトビアでは「ラトビア占領博物館」を見学され、シベリアに抑留された多くのラトビア人の苦難と、当時敗戦国になったがゆえに、捕虜の身に甘んじなければならなかった日本兵士に思いを寄せられ、

シベリアの凍てつく土地にとらはれし
我が軍人《いくさびと》もかく過しけむ

とお詠みになっている。

シベリアに抑留された兵士の境遇に深く同情し、ソ連の惨《むご》さに悲憤慷慨《ひふんこうがい》する気持ちは、日本人もドイツ人もまったく変わらない。ソ連との間の領土問題にしても、ドイツとて完全に解決したわけではない。

だが、その後のソ連との関係構築では、日独両国では大きな差異がある。その結果として、より大きな国益を享受したのは、どちらだっただろうか。

3章　ドイツはなぜ、反論を封印したのか

――一般市民一二〇〇万の過酷体験からドイツが学んだこと

敗戦国に容赦なく襲いかかる現実

十九世紀後半、人道的見地から、戦場の負傷者と病人を敵味方の差別なく、救護に携わる中立機関として赤十字社が設立された（一八六四年）。

その下で一八六四年には戦争犠牲者の保護をうたった「ジュネーブ条約」、さらに一八九九年には非戦闘員の定義、捕虜・傷病者の扱い、使用してはならない戦術、降服・休戦などを規定した「ハーグ陸戦条約」が採択されている。

だが、これらは、それなりの機能を果たしたものの、実際の戦闘となると無視されることもしばしばで、負けた側にとっては、それを盾《たて》に保護を期待するなど不可能だった。

日本の敗戦を私は、一九四五年八月十五日、旧満州のハルビンで体験した。当時、わが家は父が事業で成功したこともあって、比較的暮らしは豊かだった。

ところが、昭和天皇の玉音放送に接したとたん、様相は一変した。その日から売り食い生活が始まった。それだけではない。ソ連兵士の凌辱や略奪が始まった。

「ロシア兵が来る。囚人部隊だから、何を仕出かすかわからない。婦女子は男装したほうがいい」というのから「憲兵の家族が、満州族の恨みを買ってソ連軍に密告され、一家皆殺しにされたらしい」などという恐ろしい風評が次々と耳に入り、幼いながら、随分怖い思いをしたものである。

やがて一年後の秋口、故国日本への引揚げが始まったものの、持ち出しが可能なのはリュックサック一個のみだった。

ハルビンを引き揚げるに当たっては、無蓋《むがい》列車に乗ったが、途中、機関士が逃げ出したために列車が止まり、長い列を作って線路沿いを黙々と歩きつづけたことがあった。歩行困難になった顔見知りの老婆を置き去りにしたこと、野宿した夜、馬賊の襲撃があるというので、グループの長の命令に従って若い母親が泣き出した乳児を絞め殺したことなど、断片的ながら、今も思い出すことがある。

ソ連が日ソ両国間で締結した日ソ中立条約を「ヤルタ会談で連合国の同意を得た」という理由で一方的に破棄し、対日宣戦を布告したのは八月九日で、アメリカが長崎に第二の原爆を投下する直前だった。このことは2章で既述した通りである。

ソ連は一五〇万余の大軍を率い、戦車五〇〇〇両とともに、いきなり満州に侵攻した。防衛に当たるべき関東軍は、南方に大量の兵士を送り出し手薄になっていたところへ不意打ちを食らって総崩れとなり、兵員のほとんどが戦争捕虜としてシベリアへ抑留されてしまった。

ハルビンは満州の奥地から命からがら逃げてきた日本人避難民でごった返すことになる。ソ満国境近辺に住んでいた開拓民のか弱い婦女子と子どもたちで、逃げ遅れた彼らの多くはソ連兵のレイプに遭《あ》い、中には殺害された者もいると聞いている。

わが家はそうした日本人避難民の避難所となっていた。だが引揚げが始まるまでの一年間、どのようにして多くの避難民を抱えて、生活を支えていたのか、毎日、売り食い生活だったことは子ども心にも微《かす》かに覚えているが、それ以上は記憶にない。

私の中の満州の思い出は、その後、大連《だいれん》に着いたところまで飛ぶ。ある知人の看護婦が、医療関係者を拘留するための検問にあい、偶然、先に中国側の囚《とら》われの身となり、日本人引揚者のチェックに派遣されてきた昔の同僚の姿を見つけたが、じっと下を向いて無事に通り過ぎることができた。知人は、かつての仲間の好意に対する感謝の気持ちと、自分一人が帰ることの後ろめたさがないまぜになった複雑な心境で、引揚げの貨物船に乗船した。私の記憶は、このシーンで終わっている。

ちなみに、その後の統計によると、ソ連侵攻と引揚げの混乱によって、満州と朝鮮半島で被害に遭った一般邦人は約一五五万人、死者数は約二一万人だったという。今思うと何事もなく無事、日本へ引き揚げることができたわが家は、幸運だったというしかない。

ソ連兵は、なぜ残虐行為に走ったか

一方、日本より約三カ月早く(五月八日)降伏したドイツの状況はどうだったのだろう。

ドイツは敗戦によって、東方の領土約三分の一を、ソ連、ポーランドなどへの割譲により失うことになったうえ、ソ連および東欧諸国によるドイツ人強制追放、強制移住、さらにはソ連兵や地元の住民による略奪、虐殺、凌辱によって、一二〇〇万人が被害を受け、うち二〇〇〜三〇〇万人が命を落としたとされる。

中でも独裁者スターリン体制下のソ連軍兵士によるドイツ市民に対する残虐行為は、聞きしに優るものだった。

兵士たちは、そもそも充分な兵站《へいたん》も与えられなかったばかりか、セックスにも飢えていたというから、その行動が、アルコールの勢いもあって、いかにサディスティックかつ獰《どう》猛《もう》なものとなったか、想像にかたくない。

ではなぜソ連赤軍兵士はそのような非道行為を行なったのか、また可能だったのか。その理由だが、一つは、ナチスに対する報復の感情である。一九四一年に開始された独ソ戦では、開戦当初、ソ連の戦況は不利で、多くのソ連兵士およびソ連市民が、ドイツ軍の手に落ち、強制労働を強要された。その数約四五〇万人（うちソ連兵士約二〇〇万人、婦女子を含む一般ソ連市民約二五〇万人）にのぼった。戦局が逆転するや、スターリンはその報復として一人でも多くのドイツ人を生け捕りにし、破壊され荒廃したソ連領土の再建に駆り出し、無念を晴らそうとした。

もう一つは、スターリンによる大々的な反独キャンペーンの徹底にある。当時はスターリニストとして知られた作家イリヤ・エレンブルグなどは、ドイツ人に対しては、略奪、凌辱、殺害行為などすべて正当化されると公言してはばからなかった。

シベリアへ強制移住させられたドイツ系ロシア人

敗戦によって、ドイツの一般市民一二〇〇万人がこうむった被害、苛酷体験は三つのパターンに整理される。

一つ目は、ソ連領内におけるドイツ系ロシア人が受けた迫害。

二つ目は、領土割譲によって、自分の土地を追われた東部ドイツの人たちの悲惨な逃避行。

日本では意外と知られていないが、ドイツは敗戦によって、東部の領土を大幅に削られている。現在ポーランド領で、ポーランドは東部をロシアに奪われ、西部にドイツから領土を得、結果、国全体が西にずれることになった。

三つ目は、ドイツの支配が及んでいた東欧に住んでいたドイツ人に起こった拉致、抑留。

まず一つ目だが、ソ連領内のドイツ系ロシア人は、スターリン暗黒政治における最初のドイツ人犠牲者だった。話は今から三〇〇年近く昔、十八世紀初めに遡《さかのぼ》る。

当時はピョートル大帝によるロシア帝政時代で、彼はロシア近代化を図るために、ひたすら西洋文化や技術を取り入れ、多くの英国人やフランス人、それにドイツ人技術者を国内に招聘《しょうへい》した。

とりわけ、ドイツ出身のエカテリーナがロマノフ王朝に嫁ぎ、のち女帝として君臨していた十八世紀末には、一七六八年から一七七二年までの間に八〇〇〇世帯、二万七〇〇〇人のドイツ人をヴォルガ川沿岸に移住させている。

その後ロシアにおけるドイツ人人口は、十九世紀末には一八〇万人、二十世紀の初めには約二四〇万人にまで増加した。

ソ連邦に代わってからも、当面はドイツ人の勤勉さを重宝する風潮に変わりはなく、一九一八年にはヴォルガ・ドイツ人自治州が、一九二四年にはロシア共和国内の自治共和国設立が許されている。

だが、一九四一年六月、ドイツがソ連に対し奇襲攻撃を仕掛けるや、話は一変する。スターリンはまず、ヴォルガ居住のドイツ人にスパイの嫌疑を掛け、突然一週間以内の立ち退《の》きを命じ、最初は約一三〇万人、その後はドイツ人住民のほぼ全員を貨物列車に押しこめ、いきなり酷寒の地であるシベリアのノヴォシビルスク州、オムスク州、アルタイ地方、および中央アジアのカザフスタン等に追放し、強制労働を課すことにしたのである。強制移住が夏に始まったことから、薄着、軽装のままで貨物列車に乗り込んだ者も多く、極寒の地での強制労働による死者は、七〇万人以上に達した。

この追放令が無効とされたのは、戦後二〇年たった一九六五年のことである。だが、彼らは以前住んでいた自治共和国への帰還を許されたわけではない。帰還しようにも、すでに新しくロシア人住民が、主のいなくなった土地を占拠して、住みついていたからだ。

スターリンはこのような狡猾な手段で、行き場を失ったドイツ人を永久にシベリア一帯に定住させてしまったのである。

北方領土から日本人を追放し、ロシア人を住みつかせてしまったのと同じ手法である。

「ヴィルヘルム・グストロフ号」の悲劇

次に、ソ連の侵攻によって東部ドイツ人が強いられた西方への逃避行である。

ソ連と隣接していた当時のドイツ領ケーニヒスベルク（現ロシア領カリーニングラード）は七〇〇年もの歴史を持ち、世界的に著名な哲学者カントを生んだ文化都市としてその名を知られている。

この都市をはじめとする東部ドイツの町や村にソ連軍が進軍を開始したのは、一九四五年一月のことである。報を受けた住民たちは、パニックに陥り、われ先にと、貨物列車や馬車、もしくは徒歩で西方への避難を開始した。

時は極寒の季節である。荒れ狂う吹雪の中を逃げ惑い、途中餓死したり凍死した者は、枚挙に暇《いとま》がなかった。

当時九歳だったドーラ・シュナイダーはその逃避行を体験した一人で、彼女は当時の悲惨な様子を、次のように語っている。


「私は、一九四五年一月二十一日、母親と二歳の妹、そして祖父母と汽車に乗り、とりあえず安全だとされる町までたどり着いた。ところがほっとしたのもつかの間、そこはすでにソ連赤軍が先回りして占領しており、すぐ元の町へ戻るようにと命令されました。一人の少女が拒むと、いきなりピストルを発砲し、危うく命を落とすところでした。仕方なく、一行は再び、町に戻りました。

けれどもそこにはすでにソ連兵が進駐しており、彼らはまるで捕らえた獲物に飛び掛からんばかりに、乱暴を働きました。母は私の目の前で凌辱され、抵抗した祖父は暴行を受け、もがき苦しみながら亡くなりました。

私は、ソ連兵の監視の下で、死体や死体の一部を井戸に投げ込んだり、穴を掘って死体を埋める作業を強要されました。

それでも、なんとか祖父以外は九死に一生を得た私たち一家は、隙《すき》を見てポーランドへ逃げ込み、その後東ドイツへ逃れ、ようやく、かつての教師宅の地下室に住み込んで、生き延びることができました」

一方、バルト海に面した町では、デンマークや西部ドイツへ船で脱出するドイツ人でごった返していた。豪華な客船、貨物船、軍艦の一部、フェリーなどが、ドイツ避難民と傷病兵を安全な場所に運搬する救助船として利用されることになったからである。

だが、安全であるべきその緊急救助避難船も、非情な運命を免れなかった。

豪華客船「ヴィルヘルム・グストロフ号」は、一九四五年一月三十日、避難民約九〇〇〇人を含む一万五八二人を乗せ、バルト海に出航した。

ようやくの思いで乗船できた人々は、さぞやほっとしていたことだろう。そこへいきなりソ連の潜水艦による魚雷攻撃を受けて、たちまち沈没。大多数が凍《い》てつくバルト海に投げ出されて溺れ死んでしまった。

その後も、ソ連軍による避難船攻撃は繰り返され、撃沈された船舶は、膨大な数に上った。

ポーランド、チェコ、ハンガリーにいたドイツ人の運命

第二次大戦の戦後処理のため、米ソ英の巨頭が一堂に会し、ドイツ降伏直前の一九四五年二月にはヤルタで、そして日本降伏直前の一九四五年七月には、ポツダムにおいて会談が開催されたのは周知のとおりである。

もっともポツダム会談では、三巨頭の顔ぶれに変化が起きている。

まず同年四月、アメリカではルーズベルトが病死し、彼に代わってトルーマンが後を継いだ。さらに英国では会談のさなかに総選挙があり、会談中のチャーチルは、労働党に敗れ、アトリーにバトンタッチしなければならなくなった。

だがスターリンは、急遽駆けつけたアトリーを一人前とは見なさず、初対面では彼との握手を拒んだ。これで勝負は決まったようなものである。

こうして「ポツダム会談」では、一連の会談を最初から最後まで出席しつづけたスターリンの思うがままとなった。

彼は早速、ポツダム協定の第十二項に、「米ソ英三カ国の政府は、諸般の情勢に鑑《かんが》み、ポーランド、チェコスロバキア、ハンガリーに残留するドイツ人住民やその社会集団のドイツへの移送が行なわれることを承認する」とする条項を盛り込み、ソ連に占領された旧ドイツ領、ならびに東欧諸国からのドイツ人強制追放を合法化してしまったのである。

そのため、これらの国々から、ゲルマン人ならぬドイツ人の大移動が開始された。

ドリス・ホーフマンもその一人だった。一家は数世代にわたり、チェコに住みついていたが、当時の彼女には、なぜ強制追放になったのか、理解できなかったという。その彼女が語る。

「敗戦時一三歳でした。朝早く、いきなり顔見知りのチェコ人の役人がやってきて、即刻、この地を去れというのです。馬小屋から馬を出すのがやっとで、とるものもとりあえず、西方へと一家で逃げました。途中、チェコ人に身ぐるみ剝《は》がれたうえ、殺害されたドイツ人一家を目撃し、恐ろしい思いをしたのを覚えています」

そもそもドイツ人がこの地に住むようになったのは、ヒトラーが東方における領土拡大に着手し、一九三九年三月にはチェコを占領し、チェコとスロバキアを解体した挙句、チェコを併合したからである。

ドイツの敗戦とともに、領土は元のチェコスロバキアに返還され、同時にドイツ人が即刻強制追放に遭うことになった。

つまり、この時点で最初加害者だったドイツ人は被害者の立場に追いやられた。一方、チェコ人は被害者から一転して加害者の立場にとって代わり、今度は逆にここぞとばかりドイツ人目掛けて復讐を始めたというわけだった。

ソ連に抑留されたドイツ人婦女子

とはいえ、いかなる事情であろうと、無事にドイツに逃げのびたドイツ人は、不幸中の幸いだった。逃げ遅れたり、長年住み慣れたふるさとを離れるのをためらって居残ることにしたために、ソ連軍の手に落ちたドイツ人市民、とりわけ婦女子は、野獣と化した彼らの餌食となって、より悲惨な目に遭うことになった。

凌辱され、惨殺されるばかりではなく、生き残った者も、ナチスに協力したという罪に問われ、シベリアへ抑留されることになった。

その数だが、ロシア側の資料によると約三〇万人。一方ドイツ側の資料では五〇万人以上（うち約一三万人はユーゴスラビア、ルーマニア、ハンガリー、ブルガリア、チェコスロバキアなど東欧諸国、残り約四〇万人は旧ドイツ領の東西プロイセンやダンツィッヒなど現ポーランド領に住んでいたドイツ市民）とある。

これは一九四四年十二月十六日付で、スターリンが、ソ連秘密警察に発した、「ドイツ人で、労働能力のある者は男子一七歳から四五歳（一九四五年二月三日付「命令第七四六七号」ではさらに上限が五〇歳に引き上げられた）まで、女子は一八歳から三〇歳まで、ソ連国内に動員しかつ抑留する」という秘密命令（「命令第七一六一号」）によるもので、行き先はシベリアをはじめ、ウクライナ、ウラル、コーカサスに点在する強制労働収容所だった。うち婦女子は少なくとも一〇万人が含まれ、過酷な労働を強いられながらの抑留生活を送ることとなった。

この件に関しては二〇〇五年、ロシア側が初めて資料公開に踏み切り、ようやく日の目を見ることになった。特に婦女子に対する強制労働は従来タブー扱いで、スターリンはヤルタ会談やポツダム会談においても、一切この点には触れていない。犠牲者の側も固く口を閉ざし、その真相については語ろうとせず、約六〇年間にわたり封印されていた。ソ連では、こうした残虐行為に関し、「ソ連共産主義のイデオロギーに則った国際社会主義の勝利を信じたソ連愛国戦士の士気」という巧妙な詭弁《きべん》を弄《ろう》していた。

母親と生き別れになった子どもたちの運命

その行為の実態は、深夜、突然複数のソ連兵がドイツ人の家という家を襲撃し、これという目ぼしい物品を物色し強奪したうえ、食物を要求し、アルコールの勢いを借りてレイプに及び、その後働き手の男子や女子を連行するもので、女子にいたっては白昼堂々と拉致し、多くはその後、家族と数年にわたって音信不通になった。

　当時一七歳だったイレーネ・ワグナーもその一人で、

「私の場合は、身を隠すには教会が安全だと聞いて避難していました。そこへいきなりソ連兵がどやどやと入ってきて、襲い掛かってきたのです。女子は一人残らずレイプされました。若い母親は子どもが見ている前で犯されました。その後、いきなり力ずくで数十人の女子に外へ出ろと命令しました。残された家族に別れを告げる間もなく、ほんの一瞬の出来事で、母親から引き裂かれ泣き叫ぶ幼児もいましたが、抵抗すると射殺されるので、皆おとなしく従いました」

　と語っている。

　親と引き裂かれた子どもの運命も悲惨だった。多くは、ソ連兵士の小遣い稼ぎに、付近のバルト三国やポーランド人たちに二束三文で売られ、成人になるまで奴隷同様の扱いを受け、酷使された。

　この真相は「ベルリンの壁崩壊」のころからドイツの一般市民の知るところとなり、テレビなどを通じて、兄弟姉妹が再会するケースも見られるようになった。

一方、拉致された女子は何十キロと行進させられ、途中、歩行困難になって立ち止まるや、即座に射殺された。その後刑務所に収容され、一つの房に二〇人から二五人が詰め込まれている。

「昼間は秘密警察による取調べです。ナチ党員だったかどうかというのですが、ナチの党員はとっくに安全な場所に逃げていて、私たちは彼らとは一切接点がなかったのです。それなのに否定しようものなら拷問にかけるというのですから。罪状を認めて署名するしかありませんでした。書面はロシア語ですから、一体何が書かれているのか、皆目わからなかった」

と当時一七歳だったカーリン・ホフマンは語る。

母親がソ連兵士に引き立てられ、幌《ほろ》馬車に投げ込まれる瞬間、妹と弟を残したまま、とっさに母親にしがみつき、幌馬車にとび乗って母親とともにシベリアで抑留生活を送ることになった当時七歳だったクリステル・シャークは、

「母は尋問で、罪状を否認したそうです。すると、『白状しないのなら、貴方の娘を地下

の水責め室に放り込み、拷問に掛けるがそれでもいいか』と脅され、仕方なく罪状を認めたといいます」

と証言している。

その後は、貨物列車に乗せられ、ソ連各地に点在している強制収容所に振り分けられ、抑留生活を送ることになった。それは最も長い場合で一九四九年まで続いた。

とはいえ、抑留を解かれても、彼女らには帰るべき家はなかった。戦災で消失したり、あってもすでにポーランド住民やソ連住民が住みついていたからである。

戦後七〇年、ドレスデンにみるドイツの復興

一方、ドイツ本国も、枢軸国だったイタリアが一九四三年九月に降伏し、つづいて一九四四年六月、フランスのノルマンディに米軍を中心とする連合軍が上陸すると、英米軍による間断ない無差別の大空襲に襲われることになった。産業都市、軍港都市、首都ベルリンなど、主要都市という都市はすべて、さらには、「東方のフィレンツェ」と称され、文化都市の名をほしいままにしていたドレスデンまでも、一九四五年二月十三日から十四日にかけての爆撃で、木っ端みじんに破壊しつくされてしまった。

ドレスデンでは、市民はもとより、駅など公的機関に避難していた東部ドイツの避難民もまた犠牲になってしまった。

そのドレスデンは、ベルリンの壁が崩壊し、東西ドイツが統一された一九九〇年より、当時の面影を残す文化都市としての再建に取り組み、今ではほぼ八分どおり復興している。エルベ川岸一帯は再び「東方のフィレンツェ」の風景が返り咲き、人々の目を楽しませてくれる。

『聖母教会』も、私がベルリンの壁崩壊直後に訪れたときは、瓦礫《がれき》の山で、長い年月、風雪にさらされ、無残な形で放置されていたのが、二度目に訪れたときには復元の最中で、瓦礫の山だった石材は丁寧に一つ一つはがされて、ナンバーが入れられていた。復元するに当たって昔の設計図どおり、すべて元の場所にはめ込んでいくのだという。

再建工事に取り組んでから一二年目の二〇〇四年、三度目に訪れたときは、すっかり元通りに復元されていた。

忘れてならないのは、当時の空爆がいかに凄まじいものであったかを後世に伝え、当時の戦争の悲惨さを風化させないようにと、『聖母教会』の外壁のところどころに古い瓦礫石材をはめ込んでいることだ。周辺一帯のどっしりとした重々しい由緒あるバロック様式の建造物の復旧では、女神の立像は、空襲当時そのまま煙に巻かれ煤《すす》で真っ黒になった姿をとどめている。

ドイツ人は、こうして七〇余年前の傷跡をしっかりと残すことで、次のステップの土台にしようとしているのである。

ドイツの平和、日本の平和

たしかに、日本の敗戦も悲惨だったが、ドイツの悲惨さはそれに輪をかけたものだった。多くの日本人は、その実態を意外と知らない。

とはいえ、古今東西、戦争は勝敗がすべてである。負けたら最後、敗戦の民に正義も人権もあろうはずはない。

敗戦国は自らの運命をすべて戦勝国の裁量に一任するほかなく、程度の違いこそあれ、この法則は、遠い古代も紀元二〇〇〇年を過ぎた今日でも大して変化はない。

日本とドイツは、そうした敗者に向けられたムチをものともせず、戦後、ひたすら「世界平和」に貢献してきた。何しろ、戦後七〇年というもの、両国は、一度たりとも、自ら武器を取り戦ってこなかったのだ。

だが、日独両国には根本的な違いがある。

戦後ドイツは、現実主義的平和を標榜することで、刀の切っ先の鋭利さで、国際社会に対峙《たいじ》しているのに対し、日本は理想主義的平和に足を取られ、シュークリームに蜜を掛けたような甘い絵に描いたような平和に浮かれている。

「力を正義」とする弱肉強食の時代にあって、負けたとはいえ、少なくとも国を守る体制は固持するという鉄則を踏まえ、一歩も引かなかったドイツ国家であり、ドイツ国民である。その教訓がドイツ国民には血肉となって、今も生きつづけている。国を守る軍隊機能が崩壊したら、国民は一体どのような悲惨な境遇におかれるか、第二次世界大戦でも思い知らされたからだ。

一方、日本は第二次世界大戦を「過去の過ち」として葬りさり、片隅に追いやった。その今日の日本の姿が、すべてを語っているといったら、言いすぎになるだろうか。

4章 「ニュルンベルク裁判」と「東京裁判」

——裁判の受けとめ方に見る日独の大きな差異

「東京裁判」と日本と戦後

「かくばかりみにくき国になりたれば
　　　　捧げし人のただに惜しまる

――これは若くして夫を失った戦争未亡人が、戦後、相当の年を経ての感慨を詠んだものであらう。（捧げし人）と詠はれてゐる勇士本人が、祖国防衛のため欣然《きんぜん》として死地に赴《おもむ》き、覚悟の通りに祖国に身を捧げて殉じたことは確かだが、夫の戦死の報を受けた当時には、同じ様にその未亡人も、自分は最愛の人をお国に捧げたのだ、さうした大きな犠牲を払ふことによって、自分も亦《また》日本の国体維持と民族の自存自衛、そして後世の長き平和のために精一杯尽くしたのだ。といふ心の張りを懐《いだ》いてゐたことであらう。その張りつめた誇りの心が、単身であったか、母子家庭であったか、若い未亡人の物心共に苦しい戦後の耐乏生活の支へとなってゐたのであらうと察せられる。

ところが、戦後三十年、四十年を経た頃の我が祖国の姿はどんなものになってゐたか。それは残念ながら、醜いの一語に尽きるものだった」

とは、小堀桂一郎《こぼりけいいちろう》著『東京裁判の呪ひ』（PHP研究所）の一節である。

氏がこの著書を上梓したのは一九九七年であるから、当時からでもすでに二〇年近くになる。だが、当時とその状況は何一つ変わっていない。それどころか事態はより悪化し、深刻度を増している。わが国の歴史の風化がますます加速化し、究極的には日本の国の衰退を招来しているように思われてならない。

いったいあの「東京裁判」とは、我々日本人にとって何だったのだろうか。何ゆえに戦勝国は日本に、あのような処断を下したのだろうか。それに対し、いったい日本はいかなる対応をしたのだろうか。今一度、国民一人一人、当時の歴史を振り返ってみる必要があるのではなかろうか。

終戦二年前に始まったナチス戦犯訴追計画

一方、ドイツはどうだったのだろう。

そもそもドイツの戦後処理が、最初に議題に上ったのは、一九四三年十月十九日、モスクワにおける米英ソ三カ国による外相会議においてだった。ドイツにとっては、まだ勝つチャンスはあると信じていたころである。主要三カ国はこのとき、すでにドイツ敗戦後のグランドデザインを作成し、その準備に取り掛かっていたのだ。

十月三十日、スターリン、ルーズベルト、チャーチルの三首脳は、はやばやと、ドイツ敗戦と同時に戦争犯罪人を徹底的に追及するという点で合意している。

その後、三カ国はドイツ敗戦直後の一九四五年六月二十六日、新たにフランスも加えて、戦争裁判の具体的な手順について打ち合わせを行ない、戦争犯罪人の訴追と処罰に関する「ロンドン協定」に署名した。

その意図するところは、「非をすべてドイツに押しつけ、戦勝国の戦争犯罪については、徹頭徹尾隠蔽《いんぺい》する」というものであった。それにはできるだけ早い段階で裁判を開始し、ドイツに反論の時間的余裕を与えず、戦勝国側の戦争犯罪について一切の追及を許さないようにする必要があった。

トルーマン大統領は、かつてルーズベルト大統領の側近だったロバート・ジャクソンをこの裁判の首席検事に任命した。その意を汲んだジャクソンは八月八日、トルーマン大統領宛に次のような書簡を送っている。

「いずれにしてもこの裁判では、戦争の真相を追究する事態を、何としても回避しなければならないということだ」

(リチャード・ハーウッド著『ニュルンベルク裁判の歴史的事実』)

なぜ、ニュルンベルクが選ばれたのか

裁判を急ぐ理由は、まだあった。

「ロンドン協定」では、早くも米ソ両国の対立が表面化し、冷戦の兆《きざ》しが見られていたからだ。原子爆弾を広島と長崎に投下したアメリカとしては、戦後の主役の位置をソ連に譲るわけにはいかなかった。裁判の開催場所についても、ソ連がベルリンを主張したのに対し、一方のアメリカはニュルンベルクを主張し、頑として譲らなかった。

ベルリン占領一番乗りの手柄をソ連に奪われたアメリカだけに、ここは何としてもニュルンベルク開催にこぎつける必要があった。

理由は三つある。

（1）ニュルンベルクは、米英ソ仏四カ国によるドイツ分割統治にあって、アメリカの占領区に位置していたこと。

（2）ドイツの主要な都市は空襲で九分通り破壊しつくされ、裁判所や刑務所も例外ではなかった。ところが、奇跡的に（意図的だったという説もある）、ニュルンベルクだけは裁判所と裁判所に隣接している刑務所が空襲を逃れ、無事だったこと。

（3）アメリカ在住の移民ユダヤ人や亡命ユダヤ人が、この裁判の開催場所にニュルンベルクを切望していたこと。

というのもユダヤ人は、当然のことながら、ヒトラーとナチス・ドイツの、ユダヤ人に対する所業を忘れていなかったからだ。

そもそもニュルンベルクは、ほかならぬナチス＝国家社会主義ドイツ労働者党の本拠だった。ナチス党が政権の座に就いた一九三三年以来、ヒトラーは一九三八年まで、毎年、盛大な党大会をニュルンベルクで開催し、その都度、彼の持論である反ユダヤ主義を、民衆に公然と知らしめる、一大キャンペーンを張ってきた。

一九三五年の党大会では、「アーリア人の血の純潔」厳守を主張し、帝国議会における「ドイツ人血族およびその名誉を守るための法」＝別名「ユダヤ人人種差別法」の成立を公約した。

第一条では、ユダヤ人との結婚を禁止、既婚も無効とすること、

第二条では、ユダヤ人との肉体関係を禁止、

第三条では、四五歳以下のユダヤ人家政婦雇用禁止、

第四条では、ユダヤ人のドイツ国旗掲揚禁止をうたっている。

この法律が発効したのは、ベルリン・オリンピックが開催された一九三六年だった。オリンピックは奇しくも「民族の祭典」と銘打たれていたが、ヒトラーは密かに、ユダヤ系ドイツ人選手のオリンピック参加を禁じた。

以後ドイツ国内では、公然とユダヤ人迫害旋風が各地で荒れ狂う。一九三八年十一月九日には、「水晶の夜」と呼ばれる事件が起こった。ナチス党員や親衛隊、シンパによるユダヤ人商店・住宅の打ち壊しや強奪、シナゴーグの襲撃、放火事件が全国的に発生したのである。それにつづく、ナチスのユダヤ人殲滅《せんめつ》作戦については、あらためて述べるまでもないだろう。

ユダヤ人なら誰しも、「ニュルンベルク」を復讐の場と設定したくなるのは無理もないことだった。

米英ソ仏、四カ国によるユダヤ人迫害

もっとも、ナチスによるユダヤ人迫害には、それを許した国際事情も記述しなくてはなるまい。なぜなら、当時の国際社会、とりわけ欧米社会は、必ずしもユダヤ人に好意的でなかった。

それどころかユダヤ人に対する偏見や反感は根強いものがあり、ヒトラーの反ユダヤ主義が大手を振ってまかりとおっていたのも、そうした背景を抜きにしては語れない。

ドイツの反ユダヤ主義を公然と非難する国は少なく、「少しやりすぎではないか」と思いつつ、大方は傍観を決めこんでいた。

米英ソ仏も、例外ではなかったのだ。ドイツがポーランドを急襲し、これを機に第二次世界大戦の火蓋が切って落とされたのは一九三九年九月一日だった。三日後の九月四日、パレスチナでは信じられないことが起きた。テル・アビブ港（現イスラエル領）では、ポーランドやチェコ、ルーマニアなど東欧諸国からユダヤ難民一四〇〇人余りを乗せた「タイガーヒル」号が碇《いかり》を下ろそうとしていた。そのとたん、いきなり彼らに銃弾を浴びせ、多くのユダヤ難民の命を奪ったのは、イギリスの巡視艇だった。

当時のイギリスは、ユダヤ人のパレスチナへの入国を厳しく制限していた。地中海や黒海の各港で、英艦隊が厳重に監視していただけではない。ユダヤ難民船が通過する国々に対し通過ビザ発行停止を呼び掛け、不法移民を乗せた船舶を取りおさえ、入出港を不可能にする処置を取るなど、ユダヤ人排斥に積極的だった。

パレスチナはイギリスの直接統治下にあり、イギリスは、ユダヤ人難民のパレスチナ流入がアラブ人を刺激し、政治問題に発展するのを恐れたのだ。

移民大国アメリカのユダヤ人対策も、決してほめられるものではなかった。

アメリカはドイツにおけるユダヤ人迫害に関し、ナチス占領下のポーランドからその情報は逐次詳細に報告されていた。にもかかわらず、アメリカは知らぬふりを通している。

そのアメリカが「これは拙《まず》い。放置していては大事にいたる」と気付きはじめたのは、ナチス・ドイツに追放されたユダヤ人がアメリカに大量に押し寄せはじめたからだ。アメリカは、そんなユダヤ人の救出に手を貸すどころか逆に、「スミス法」（一九三九年六月制定）で外国人受け入れ制限の強化を図ったり、「ラッセル法」（一九四一年十一月制定）により、ビザ発行の制限に踏み切って、ユダヤ人難民の入国を制限している。

では、ソ連はどうだったか。

一九五四年九月二十四日付月刊「ナショナル・ヨーロッパ」にて、当時のアメリカ「ユダヤ教会」のラビ、ベンジャミン・シュルツ会長が、次のような発言を行なっている。

「第二次世界大戦中、ソ連では三三九万人のユダヤ人が忽然《こつぜん》と消えた。一九四一年、ソ連には五一四万人のユダヤ人が住んでいた。ところが、一九五五年の時点でその人口は一七五万五〇〇〇人に減少している。これはソ連政府によるユダヤ人大量虐殺と解釈していいのではないか。

ソ連政府は外交上、この真相に触れ、追及されては不利になると判断したらしく、意図的に隠蔽し、秘匿している」

つまりソ連のユダヤ人迫害は、言語に絶する悲惨な状況にあったと彼は言いたかったのだ。

事実、第二次世界大戦中、ソ連在住のユダヤ人のほとんどがシベリアに連行され、少なくとも一〇〇万人のユダヤ人が強制収容所で死亡したといわれる。また、ナチス占領時には、ナチスのユダヤ人迫害に積極的に手を貸すばかりか、自ら進んでユダヤ人を殺害する一般市民も少なくなかった。

さて、フランスはどうだったのだろう。

この国にいたっては、戦時中、はやばやとドイツに降伏し、親ナチスのヴィシィ政権を樹立していたぐらいである。ユダヤ人虐待の実態はというと、当時を知るユダヤ人たちからは「ドイツのナチス以上に峻烈《しゅんれつ》だった」との声も聞こえるほどだ。

「ニュルンベルク裁判」では、ナチスの指導者たちの戦争犯罪を裁いたわけだが、裁く側とて、同罪だったといっていい。

そうした戦勝国側の戦争犯罪を覆《おお》いかくし、ドイツ一国に押しつけるのが、ほかならぬ「ニュルンベルク裁判」だったからである。

起訴二四人、死刑一二人

「ニュルンベルク裁判」は一九四五年十一月二十日に開廷し、二六三〇の証拠物件が提出され、二七〇人もの証言者が出廷して、翌年十月一日まで、二一八日間にわたって開かれた。総計一九ヵ国が参加し、判事、検事は米英ソ仏の四ヵ国が占めた。

起訴されたナチ指導者は二四人。うち一人は公判前に自殺、一人は病気のため訴追免除となった。

残り二二人（うちボルマンは行方不明で欠席裁判）に対し、弁護側は首席弁護士二七人、弁護士五四人、秘書六七人で対抗した。

法廷は当地の地方裁判所第六〇〇号法廷が使われた。

私がその部屋を見学したのは、二〇〇八年だった。写真で見たのとは違い、こんな手狭な部屋によくも、世界各国からやってきた二五〇人（うちドイツは七人）ものジャーナリストによる傍聴ができたものだというのが正直な感想だった。広報担当官の「隣室を利用したうえ、中世に建てられた天井の高い部屋なので、急ごしらえではあったが中二階を用意した」との説明で、納得がいった。

判決は死刑一二人、終身刑三人、有期刑四人、無罪三人だった。

死刑は絞首刑で、十月十六日に執行された。

ゲーリングはその直前、隠し持っていた青酸カリで自殺した。

この裁判に対するドイツ人の本音とは

では、一般のドイツ人はこの「ニュルンベルク裁判」をどのように捉え、歴史に位置づけているのだろうか。

実のところ、その真意を推し量ることは非常に困難である。少なくとも、政府が公式の場でこの裁判を否定したり、学校の教科書で否定的な見解を掲載するということはありえない。そのようなことをすれば、国際社会、とりわけユダヤ人からたいへんな非難を浴びせられることは目に見えているからだ。

だが長年ドイツに住んで、言動の端々《はしばし》から、あるいは私的な席での発言からうかがい知れるドイツ人の「ニュルンベルク裁判観」を忖度《そんたく》するとすれば、おおよそ次のようなことになるだろう。

まず第一に、裁判は公平な裁判でなく、「法による暴力」、いや「リンチ」ともいえる代物《しろもの》だったということ。

たとえば、「平和に対する罪」を問うなら、戦勝国もドイツと同様の罪を犯している。ソ連は、フィンランドとポーランドに侵略戦争を行なっている。米英にしてもドレスデンや長崎、広島に、悲惨極まりない空爆テロを仕掛けている。

「人道に対する罪」もまた然り。ドイツの犯罪を追及し裁くというなら、戦勝国とその同盟国のポーランドやチェコスロバキアも、ユダヤ人の大量殺戮に、直接間接を問わず手を貸している。ドイツ人だけがその責めを負い、彼らの罪は不問に付されるのだとすれば、これを不公平と言わずして何というのか。

要するに、戦勝国が、戦時中の彼らの残虐な行為をすべて隠蔽し、責めを免れるために、裁判は行なわれたのだと。

次に、裁判は終始一貫して、メディアのために用意された「メディア裁判」の色合いが濃厚だったこと。

戦勝国側がメディアを通して、いかにドイツ人が戦時中残虐なことを行なったか、特にユダヤ人に行なった目をおおわんばかりの残虐な行為を、繰り返し繰り返しこれでもかこれでもかと暴露するという作業には、多分に政治的意図が感じられた。

しかも裁判では当時世界で初めて発明されたＩＢＭ製同時通訳ホーンが登場し、その実力を発揮し、メディアによるプロパガンダという意味合いは、より露骨となった。

どのような仕打ちを受けても、被告はむろん、全ドイツ国民は、ただ観念して平身低頭し謝罪するしかなかった。マーク・ウェーバーは著書『ホロコースト／双方の言い分を聞こう』にてこう指摘している。

「第二次世界大戦に勝利した国・米ソ英三カ国にとっては、彼らが打ち負かしたヒトラー政権の負の部分を声高に国際社会に向かって指摘すればするほど、そしてヒトラーたちナチスの一味を、より残虐でより狂暴で悪魔的だと、大衆に喧伝《けんでん》すればするほど、それに反比例して、戦勝国の信憑性が高まり、より正当化される」

一方、戦勝国の側にも、この裁判に対する疑問の声が上がった。「今日知っているようなことを数カ月前に知っていたとすれば、ここ（ニュルンベルク）にやってきたりはしなかったであろう。明らかに、戦争の勝者は、戦争犯罪の最良の判事ではなかった」と言い残し、この裁判の判事を辞任した当時アイオワ州最高裁判所判事チャールズ・ウェナストラムのような人物もいたからで、彼は後に、

「このプロパガンダ裁判とは、われわれも含め、全ての大国の誰もが戦争犯罪を犯したと明確に知りながら、戦争の全ての痛みを敵に転嫁する裁判だった」

（マウリス・バーデシェ著『ニュルンベルクのニセがね作り』）

と、この裁判を手厳しく批判している。

つまり、「ニュルンベルク裁判」とは、ことはすべて、事前に用意周到に仕組まれ、戦後になって首尾よく実行に移された「政治ショー裁判」だったというのがドイツ人の共通認識だったのだ。

こうした戦勝国側の意図は、米英ソ仏四ヵ国が同意し署名した「ロンドン協定」の内容に目を通せば一目瞭然で、「ニュルンベルク裁判」とは、「ドイツ側有罪」との結論がまずあってスタートした裁判で、敗戦国のドイツがどう足掻《あが》いたところで、到底、勝ち目のない勝負だった。

被告が受けた凄惨な拷問

弁護側の反論を極端に制限する一方で、拷問や脅迫による自白や、連合国委員会の報告書、スターリン主義者の虚偽の報告書などは、検察側証拠資料として無条件で採用されている。

また検察側は、自分たちに都合のいい証言をする証人の選択、自分たちの望みどおりの証人を仕立てる権限、ドイツ帝国政府のあらゆる公文書を没収する権限、文書にアクセスするすべての権限も与えられていた。

そればかりか、この裁判で死刑判決を受けたハンス・フランク（ポーランド総督）とユリウス・シュトライヒャー（フランコニア州総督）は、驚くべき事実を、法廷で暴露した。

それによると、フランクが米兵によって自宅で逮捕されたのは一九四五年五月六日で、ドイツ敗戦の二日前だった。

以来、ニュルンベルク刑務所に護送されるまで、方々の刑務所にたらいまわしにされるが、その間、あるときはアメリカの二人の黒人兵にサディスティックに殴打されたり、またあるときは、残忍な拷問を受け、ついにはそれに耐えかねて自殺を図ろうとしたことすらあったという。

反ユダヤ主義の週刊紙「前衛」の発行者だったシュトライヒャーの場合は、担当弁護士だったハンス・マルクスに手渡した自筆の報告書の中で、次のように記述している。


「ユダヤ人将校がいう『やっと、捕まえたぞ。奴がユリウス・シュトライヒャーだ。この犬め！　豚め！』（中略）黒人兵が私のシャツを二つに引き裂き、私はパンツだけになった。鎖でしばられているので、パンツが下がって床に落ちても、上げることもできない。こうして私は素っ裸にされた。四日間も！

四日目には、私の体は冷えきり、感覚を失っていた。耳も聞こえなくなった。二〜四時間ごとに（夜も）黒人たちが来て、一人の白人の命令のもとで私を拷問した。乳首の上を煙草の火で焼く。指で眼窩《がんか》を押す。眉毛や乳首から毛を引きむしる。革の鞭《むち》で性器を打つ。睾丸は腫《は》れ上がる。

『口を開け！』と命じ、開けた口の中につばを吐く。私が口を開けないでいると、木の棒でこじ開ける。ふたたびつばを吐き込む。さらに鞭で殴りつける。たちまち体中が内出血でふくれ上がってしまう。私を体ごと壁に投げつけるかと思うと、今度は頭を拳《こぶし》で殴りかかる。また床に投げつける。背中を鎖で打つ。

黒人の足にキスすることを拒むと、足で踏みつけ、鞭で打つ。腐ったじゃがいもの皮を食べるのを拒絶すると、またも殴りつける。つばをひっかけるかと思うと、煙草の火だ！　トイレの小便を飲むのを断ると、またも拷問である。

毎日ユダヤ人記者が来る。裸の写真を撮る！　私に古ぼけた兵隊マントをかけてはあざ笑う。『一体、いつまで生かしておくつもりなのか』と。

横になって休むこともできなければ、座るイスもない。両手を縛られたまま、気絶してしまう。（中略）何度ももうおしまいか、命も尽きるかと覚悟したものだ。（後略）」


（ウェルナー・マーサー著『勝者の裁判ニュルンベルク』）

「ニュルンベルク裁判」が「裁判」の名に値するものではなく、たんなる報復の政治ショーであったことは、これらのことからも明らかである。

守りとおしたドイツ人としての矜持《きょうじ》

こうした被告がいるなか、この裁判で無罪を言い渡された三人のうちの一人ハンス・フリッチェ（宣伝省次官。ゲッベルス宣伝相の服毒死により、その身代わりとして被告席に座っていた）はこんな体験をしている。

「公判中、突然、見知らぬ婦人が私の傍に近寄り、私の手を握り、そして深く頭を下げて、英語で『お許しください』と言って立ち去った。

この話を夕方、アメリカ人牧師に話したところ、早速彼はその婦人を探し当ててくれた。そして、彼女はこの裁判を欠かさず傍聴してきたスロヴェニア系アメリカ人である事を教えてくれた。

私に謝った理由について牧師が直接尋ねたところ、彼女は、

『ドイツ人がユダヤ人に対して行なったあの残虐な犯罪は決して許すことは出来ません。けれども、ここニュルンベルクで行なわれている裁判も、〝人間の道〟を外れた恥ずべき行為です。私はアメリカ人の名において、ドイツ人に一言〝すみません〟と謝り

たかったのです』
というこ とだった」

（フリッチェ著『勝者の裁判の被告人として』）


こうした声なき声に支えられたドイツ弁護団だった。

判決に際して、全員死刑を求めて止まなかったソ連とフランスの判事の主張を退け、半数の被告に死刑以外の判決を導くことができたのは、何よりも彼らドイツ弁護団の手柄によるものと思われる。「国を思って敵と戦い、そして敗れた同志を見捨ててはおけぬ。なにがあっても助けなくては」という思いが、彼らの心を一つにしたからにほかならない。

とりわけ、ヒトラーが自殺直前、遺言状で後継者と指名した海軍元帥カール・デーニッツの弁護を引き受けたオットー・クランツビューラー弁護士の法廷におけるシャープな反論、一分のすきもない論理的な弁論は、後世の語り草になっている。

そのクランツビューラーだが、第二次世界大戦では自ら海軍に志願し、敗戦直後、英軍に捕らえられ一時拘束されている。まもなく釈放され、その後イギリス側からの要請で、かつての上司デーニッツの弁護を引き受けた。

法廷ではイギリスが薦める法衣（ガウン）着用に応じず、終始ドイツ海軍のユニホーム着用を貫き通した。これにはさすがの反ドイツムード一色の法廷も、深い感銘を与えられたようだ。

こうしたドイツ魂を披露するエピソードは、枚挙に暇《いとま》がないほどであり、今もドイツ人の間では、密かに語り継がれている。

ドイツ人は、敗戦国としての世の常と割りきって、この裁判を受け入れたものの、これが正当性のない報復裁判であることもしっかりと心に刻み、精神においては、これに屈することは決してなく、ましてや自国の歴史観に影響されることをよしとしなかった。

戦いに馴れた民族のしたたかさと、そうでない民族のナイーブさ

その延長線上で行なわれた「東京裁判」もまた報復裁判であったことは、誰しも疑う者はいまい。

裁判は市ヶ谷《いちがや》の旧陸軍士官学校の講堂にて行なわれたが、起訴は昭和天皇の誕生日に合わせて一九四六年四月二十九日に、絞首刑の執行は、当時皇太子だった明仁《あきひと》親王の誕生日である十二月二十三日に合わせたことがその何よりの証拠であろう。

A級戦犯として判決を受けた日本の指導者たちは二八人、うちわけは、死刑七人、終身刑一六人、有期禁固二人、判決前病死二人、訴追免除一人だった。

死刑を宣告された七人が一三階段を上がって処刑されるところなど、「ニュルンベルク

裁判」と何ら変わりはない。被告に突きつけられた罪状も、ニュアンスは異なるものの、いかにもとってつけたようで、説得力がないところなど瓜《うり》二つである。

誰がどう見ても、勝者が勝者の論理で敗者を裁いた裁判であり、その意味では「ニュルンベルク裁判」も「東京裁判」も、敗者に対する見せしめであり、「法によるリンチ」であったことは隠しようのない事実だった。

ただ一つ、ドイツと日本を比較して、大きな違いがあった。

先にも記したとおりドイツ人の多くは、戦いに敗れたとはいえ、いや敗れたからこそ、この裁判の正体、そしてその本質を見抜いていたことだ。だからこそ、今もってドイツは、本音の部分では、この裁判を認めていない。

欧州は戦いの歴史に明け暮れてきた。それだけに欧州の人々は、戦って負けたときの生き方や要領、そして智恵を身につけている。

ドイツ人にしてもそうで、たとえ戦いに敗れ、叩かれ踏まれても、一切動じない。そして未来に身を託し、次のステップへとコマを進めようとする。

これこそ、戦い馴れた民族のしたたかな根性であり、ゲルマン魂というものであろう。

「ニュルンベルク裁判」にしても然り！

一方、日本はどうか。

日本は、サンフランシスコ平和条約において独立を遂げ、国際社会に復帰したわけだが、この条約の第十一条には「日本は東京裁判のジャッジメントを受け入れる」という条文が含まれている。

これについては、識者の間でも長年の議論があり、国会でも野党議員によって、この条文に対する施政者の解釈を問いただす質問が、何度も発せられてきた。

ドイツ人なら、この質問には次のように答えるであろう。

「あの裁判は、しょせん勝者の敗者に対する報復の政治ショーであって、裁判といえるものではなかった。そのことは戦勝国も重々承知している。平和条約で『ジャッジメントを受け入れる』という条文を挿入させたのは、後々日本が、その裁判の不当性を指摘して賠償を求めるようなことのないように予防線を張ったまでのことで、それ以上の意味はないとするのが、国際的には常識的な見方だよ。

『東京裁判』で、戦勝国が敗戦国を『戦争犯罪国家』とレッテルを貼るために使った勝者側の歴史観を、日本人がそのまま受け入れることになるなどとは、アメリカにしても想像もしなかったことではないか」

ところが日本では、そのアメリカの「想像もしなかったこと」が起こってしまった。この条文を盾にして、日本を「戦争犯罪国家」と規定したところのいわゆる「東京裁判史観」を金科玉条とする国民が、日本には大量に出現してしまったのである。A級戦犯の問題にしても然りである。

それはまさに、国家の存在を根底から否定する根無し草の所業に近い。そして、このことが今日の靖国神社をめぐる混乱のもととなっていることは、言うまでもない。

靖国神社といえば、明治維新後、国のために命を捧げた人たちの霊を慰めるべく、明治天皇の勅命で一八六九年に建立された。以後実に一四〇年もの間、戦没者追悼の象徴としてその中心的役割を果たし、明治維新このかた第二次大戦にいたるまで、国家の存命を念じて戦い、尊い命を落とした人たちを祀《まつ》ってきた。

その靖国神社だが、第二次大戦直後、あわや消滅という危機に遭《あ》った。敗戦直後、日本に進駐した連合国軍の大勢は、「靖国焼却すべし」という意見で占められていたからである。ところがそんななか、当時の駐日バチカン公使代理だったビッテル神父が、マッカーサーに、「いかなる国家も、その国家のために死んだ戦士に対して、敬意を払う権利と義務がある。それは、戦勝国か、敗戦国かを問わず、平等の真理でなければならない」とし、「靖国神社を焼却することは、連合国軍の侵略政策と相容れない犯罪行為である」とまで言い切った。

ちなみに、この進言で靖国神社の危機を救ったビッテル神父は、ドイツ人だった。彼は第一次世界大戦の勇士で、敗戦後、聖職の道を選び一九三四年（昭和九年）から日本に滞在していた。日本と同様第二次大戦において祖国が敗戦の憂き目に遭ったなか、敗戦国の国民である前に、神に仕える謙虚な一人の人間として、勝者に向かいこのような勇気ある発言を行ない、靖国神社を救ってくれたのである。

それなのに、靖国神社のA級戦犯の合祀を毅然として容認し、堂々とこれに参拝できないリーダーを持つ日本とは、一体なんなのだろうか。

たとえばドイツ人なら、欧米人なら、いやどこの国の人であろうと、靖国神社が国のために戦って亡くなった尊い戦死者を祀っている神社と知ったら、どうだろう。最低限の礼儀として、恐らく、深く頭を垂れて、祈りを捧げるに違いない。

不当な裁判は受けても、自らの歴史観と矜持を決してゆるがせにしないドイツと、今日の日本人とを隔てているものとは何なのか。その違いを思うにつけ、暗澹《あんたん》たる気持ちになるのは、私だけではないだろう。

5章　情報戦略と諜報機関（その1）

――生き馬の目を抜く情報戦の実態と「ゲーレン機関」

独ソ戦に一役買ったゾルゲの日本情報

『孫子《そんし》』に次のような一節がある。

「百戦百勝は善の善なる者に非ざるなり。戦わずして人の兵を屈するは、善の善なる者なり」（謀攻篇）

要約すると、「百度戦闘して百度勝利を収めるのは、最善の方策ではない。戦わずに敵の軍事力を屈服させることこそ、最善の方策なのである」ということになるだろう。

情報戦の重要性を指摘した言葉だが、第二次世界大戦を振り返って、この戦争において、この分野で最も傑出していたのは誰かといえば、スターリンの名を挙げねばなるまい。

第二次世界大戦における勝敗の分岐点となった独ソ戦におけるソ連の勝利は、その情報戦が見事に功を奏したものだからだ。たとえば、日本・ドイツ・中国・米国・イギリス・フランスを股に掛けた国際規模のゾルゲ事件もその一つだった。

ゾルゲは、ドイツ人でありながらスターリンの息の掛かったベテラン・スパイの一人で、ソ連のスパイという身分を偽り、ドイツ紙の記者として日本に滞在し、日独関係の機密情報を入手し、ソ連にあてて克明な「極秘情報」を送信していた。

当時スターリンの最大の関心事は、満州に張り付いている日本軍の動向だった。つまり「日本軍はドイツに歩調を合わせ、対ソ参戦に踏み切るのかどうか」の一点に尽きた。スターリンはゾルゲに情報を求め、さらにできることなら、日本軍を英仏蘭の植民地である南方へ向けるよう工作してほしいという要望までしていた。

さっそくゾルゲは、当時の近衛《このえ》内閣のブレーンで、政界、軍部、言論界に通じ、知名度の高い尾崎秀実《おざきほつみ》とコンタクトをとり、密《ひそ》かに情報収集を行なった。

結果、ゾルゲがスターリンにあてた回答は、次のようなものだった。

「日本は日ソ中立条約が枷《かせ》になって、ソ連に攻撃することはない。日本軍は、むしろ南方の資源を狙って、その資源確保のため南方へ兵を進めるであろう」

スターリンには、一九三九年に「独ソ不可侵条約」を締結していながら、その後ドイツの寝返りを喰ったという苦いトラウマがある。そのため、「日ソ中立条約」とは、日独合作の「ワナ」ではないかとの疑念を拭《ぬぐ》いきれずにいたのだ。

そこへ、この情報が届いたのである。スターリンは、直ちにソ満国境に配備していたソ連精鋭部隊を欧州戦線へと移動させる命令を発した。この情報がいかに貴重だったかは、その後の独ソの戦況に目を向ければ、明らかである。

ちなみにゾルゲは、その後スパイ活動が発覚して、尾崎などとともに逮捕され、死刑判決を受けた。刑は、ロシアの革命記念日である一九四四年十一月七日に執行された。

スターリンの徹底した情報管理

スターリンが世界に共産主義革命を起こし、世界中を共産主義イデオロギー一色に染め上げようとの野望を着々と実行に移したのも、実に巧妙な情報戦によるものであることがわかる。

そもそも、彼がクレムリンにおいて、ソ連国内における絶対権力を掌握したのは、目的のためには手段を選ばぬ秘密警察によって身辺を固め、彼らが持ち寄る実に些末《さまつ》な情報をも活用し、次々とライバルを追い落としたからである。

ちなみに一九三六年から一九三八年に掛けての大粛清では、不当な冤罪裁判により処刑された者約一〇〇〇万人、危険人物もしくは不満分子という嫌疑を受け、シベリアの収容所に送られるか強制移住を強いられるかして飢餓や病気で死亡した犠牲者は、二〇〇〇万人に上るといわれている。

にもかかわらず、スターリンの恐怖政治の真相は、権力に近いごく一部の者が知るのみで、すべて、「ベール」におおわれ、隠蔽されてきた。

スターリンの病的ともいうべき異常な猜疑心《さいぎ》（暗殺を恐れて寝室をいく部屋か用意し、毎晩違う部屋に寝ていたという）も手伝って、スターリンのマイナス部分は、きわめて巧妙に伏せられたからである。

一方でスターリンは、ソ連を「地上の楽園」と謳《うた》いあげ、ブルジョワジーを人類の敵とみなすプロパガンダを大々的に展開し、世界各国に熱狂的な共産主義ブームを巻き起こした。

各地に工作員＝スパイを潜伏させ、共産主義盲信者の拡大に傾注した。共産主義革命の国際化という美名のもとで、熱病に罹《かか》ったようにスターリンを慕い、ソ連に憧れて、手を貸したいと申し出るシンパは引きも切らなかった。

スターリンに手玉に取られた蔣介石《しょうかいせき》

当時の中国ナンバーワンであった蔣介石《しょうかいせき》も、スターリンに弱みを握られた一人だった。長男経国《けいこく》が、学生時代、共産主義思想に心酔し、父に背《そむ》いて中国共産党に入党したばかりか、ソ連のモスクワ中山《ちゅうざん》大学に留学し、正式にソ連共産党に入党していたからだ。

蔣介石は一九二七年、国内における中国共産党の驚異的な躍進に危機感を募らせ、弾圧に乗り出した。世に言う「上海《シャンハイ》クーデター」だが、これを知ったスターリンは、いち早く経国を事実上の人質としてしまった。しかも経国はロシア人女性と結婚してしまう。

その後、経国は父と和解して国民党に入党したが、スターリンの影響から逃れることはできなかった。毛沢東《もうたくとう》による中国共産党政権樹立では、蔣介石父子は中国大陸での居場所をなくし、台湾へ追いやられてしまったことは周知の事実である。

その後もスターリンによる極東共産主義化は着々と進み、朝鮮半島の北半分には、スターリンの息の掛かった金日成《キム・イルソン》による傀儡政府が成立している。

日本は敗戦直前の混乱で、北方領土はソ連の略奪に遭ってしまったものの、少なくとも、北海道から鹿児島までは、アメリカの占領下にあって事なきを得た。

とはいえ、スターリンは日本の共産化を断念したわけではなかった。六〇万人もの日本兵を満州から拉致し、シベリア開発の安価な労働力として酷使する一方、彼らを洗脳し、帰国したあかつきには、日本国内における共産化の尖兵《せんぺい》となるよう画策していたのだ。

これは先に述べたとおりである。

中国の対日戦略を記した極秘文書

そのソ連流情報戦略を、そっくりそのまま踏襲した国がある。

ほかならぬ現中国共産党政府だ。

話は一九七二年に遡《さかのぼ》る。この年九月、日本は田中角栄新首相のもとで、日中国交正常化を実現させた。以来、日本はODA（政府開発援助）という名の下に、巨額の対中支援を行なってきた。

だが同じ時期、中国は日本に対し、ある工作を講じていたのだ。

当時中央学院大学教授だった西内雅《にしうちただし》氏がアジア諸国を歴訪した際、偶然、ある秘密文書を入手した。その文書とは、中国共産党が工作員に指示した「日本解放第二期工作要綱」なるものである（「國民新聞」昭和四十七年八月号掲載、現在もHPで全文が閲覧できる）。

秘密文書の性格上、出所は不明なので、その真偽を断定することはできないが、文中には、中国の対日謀略が微にいり細をうがつように、詳細に記されている。しかも、その後の日中関係を見ると、そのシナリオどおりに着々と、中国の対日戦略が達成されつつあるかのようにも思え愕然とする。偽文書とするには、あまりにもできすぎているのだ。

その一部を記載してみよう。

まず冒頭に「基本戦略」という項目があり、そこでは、ズバリ、「日本解放の当面の基本戦略は、日本が現在保有している国力の全てを、我が党の支配下に置き、我が党の世界解放戦に奉仕せしめることにある」とあり、その達成に向けて三つの段階を設定している。

第一段階は「国交正常化」、第二段階は「民主連合政府の形成」、そして、最終の第三段階として「日本人民民主共和国の樹立を謳い、天皇を戦犯の首魁《しゅかい》として処刑」とある。

第一段階は、すでに達成しているとみていいだろう。

第二段階は目下、現在進行中で、これは、「要綱」にある「工作主点の行動要領――政党工作」と見事に一致している。たとえば「対自民党工作」の項は、次のとおりだ。

「A. 基本方針

自民党を解体し、多数の小党に分裂せしめる。

多数の小党に分裂する如く工作を進めねばならず、又表面的には思想、政策の不一致を口実としつつも、実質的には権力欲、利害による分裂であることが望ましく、少なくとも大衆の目にはそう見られるよう工作すべきである。

B. 手段

自民党内派閥の対立を激化せしめる」

「対社会・公明・民社各党工作」の項は、こうだ。

「A．基本方針

1）各党内の派閥闘争を激化せしめ、工作による操縦を容易ならしめる。派閥という に足る派閥なき場合は、派閥を形成せしめる工作を行う。但し、党を分裂せしめる必要はなく、分裂工作は行わない。

2）日本共産党を含めた野党共闘を促進する。

B．手段

（自民党の項に同じ）」

さらに「群衆掌握の心理戦」では、

「駐日大使館開設と同時になされなければならないのは、全日本人に中国への好感、親近感を抱かせるという、群衆掌握の心理戦である。好感、親近感を抱かせる目的は、我が党、我が国への警戒心を無意識の内に捨て去らせることにある。

これは日本解放工作成功の絶好の温床となると共に、一部の日本人反動極右分子が発する『中共を警戒せよ！　日本支配の謀略をやっている』との呼び掛けを一笑に付し、反動極右はますます孤立するという、二重の効果を生むものである」

「マスコミ工作」では、

「大衆の中から自然発生的に沸き上がってきた声を世論と読んだのは、遠い昔のことである。次の時代には、新聞、雑誌が世論を作った。今日では、新聞、雑誌を含め所謂《いわゆる》『マスコミ』は、世論造成の不可欠の道具に過ぎない。マスコミを支配する集団の意思が世論を作り上げるのである」

といった具合で、日本国民を意図的に人為操作し誘導し、骨抜きにしてしまえば、自動的に第三期の工作目標は達成するとする。

つまり人民共和制の樹立後、なりゆき次第では、天皇に戦犯の罪名をきせ、処刑することをも辞さないとして、最終的には、日本を中共の完全な支配下に置き、中共の国益のために、日本人を活用しようというのである。

なお、工作員については、次のように規定している。

「本工作組の任務は、工作員が個別に対象者に接触して、所定の言動を、その対象者に行わしめることによって達成される。即ち、工作者は最終行動者ではなく、隠れた使嗾《しそう》

者《しゃ》、見えざる指揮者であらねばならない。（中略）

本工作の成否は、終始、秘密を保持しうるかどうかに懸かっている。よって、工作員全員の日本入国身分の偽装、並びに工作上の秘密保持方法については、別途に細則を以て指示する」

第二次世界大戦で負け、さらに戦後の冷戦における情報戦において、先進国はむろん近隣諸国にすら、すっかり遅れを取っている日本である。

中国にすれば、情報戦という戦いにおいては、日本など歯牙《しが》にもかけない存在であるのかもしれない。

チャーチルが死の直前にもらした言葉

それに比べて同じ敗戦国のドイツはどうだったか。その前に、大戦直後のヨーロッパの状況を確認しておこう。これに関して、アメリカの歴史家ジョーン・T・フリンは著書『ルーズベルトの謎』に、こう書き記している。

「(第二次世界大戦で) スターリンは、彼が望んでいたものは何もかも全て、例外なく獲得した。チャーチルはその反対だった。なぜなら、(チャーチルの味方と思われていた)ルーズベルトが、スターリンに振り回され、チャーチルの思惑とは全く異なる親ソ政治に舵《かじ》を切ったからだ。その意味ではルーズベルトもチャーチルと同じ失意を味わった。ルーズベルトとて、彼が執着した国際連合設立にスターリンがゴーサインを出した以外、何も得られなかったからだ」

このことは、チャーチルが最後の誕生日(死ぬ直前)に娘サラに語った言葉に如実に示されている。「自分は随分いろんなことをやってきたが、結局、何も達成できなかった」と。

そのチャーチルだが、第二次世界大戦当時の鼻息は荒かった。

何しろ彼は、「我々の目的は何かとあなたは尋ねる。私は一語で答えよう。それは『勝利』——いかなる犠牲を払っても得るべき勝利、あらゆる恐怖に打ち勝つ勝利、長く苦しい道のりにかかわらず得るべき勝利である。なぜなら、勝利なくして生存はありえないから」とし、「絶対に屈服してはならない。絶対に、絶対に、絶対に、絶対に」と広言して憚《はばか》らなかったからだ。

彼の胸中には、かつての第一次世界大戦におけるイギリス流の情報戦が去来していたのだ。卓抜したイギリス流情報術を縦横無尽に駆使すれば、第二次世界大戦においてもドイツに負けるはずはないと確信していた。

だが、チャーチルの情報戦は、そこまでが限界だった。

チャーチルが後生大切にし、誇りにしてきた伝統的かつクラシックなイギリス流情報戦略は、第二次世界大戦後半にいたって、ソ連のスターリンと、そのスターリンと手を組む米国のルーズベルトによるグローバル化した情報戦に主役を奪われ、時代に取り残されてしまったからだ。

チャーチルの誤謬《ごびゅう》とは、彼が第二次世界大戦における敵をヒトラーに絞り込みすぎたことにある。つまり、スターリン流情報戦が、チャーチルに見抜けなかったのだ。

スターリンの野望は資本主義諸国を駆逐し、世界共産主義革命を達成することにあったから、この戦争で、資本主義国家のドイツと英国が敵味方になって戦い、敵も味方も疲弊することは、スターリンの「思う壺」だったのだ。

つまり、チャーチルは、ヒトラーとの情報戦に執着しすぎたゆえに、世界的視野に立った政治リアリズムの現状分析を誤ったのだ。

その証拠に、戦後イギリスは戦勝国とはいえ、植民地を失い、欧州大陸からは孤立し、好むと好まざるとにかかわらず、アメリカ追随なくしては活路を見出せなくなってしまった。いずれにしても、チャーチルは第二次世界大戦後、ヒトラーとともに消えゆく運命にあった。

ヒトラー後のドイツを模索する側近たち

一方、ドイツは、一九四三年二月二日、「独ソ戦」におけるスターリングラードの戦いが分岐点となった。この敗北は、ドイツにとって膨大な損害をもたらしたからで、軍事面のみならず、とりわけ情報面においての打撃は、計り知れないものがあった。

このスターリングラード敗戦を境にして、ヒトラーと側近を除き、戦局を容易に知る機会のある軍人、特に将官クラスの間では、次第にこの戦争を懐疑的に見て、批判する者が登場しはじめた。「戦況は悪化するばかりだ。思い切って戦略を変更するか、休戦に持っていくべきではないか」との意見が大勢を占めはじめたのだ。

だがヒトラーは、このような意見や批判には一切耳を傾けようとしなかった。

思い余って実力行使に訴えようと、将官クラスによるヒトラー暗殺計画が謀《はか》られたが、ことごとく、失敗に終わってしまった。

一九四四年六月六日、連合軍によるノルマンディ上陸作戦成功後は、敗戦ムードが広がり、ヒトラーの側近すらドイツの勝利を確信する者はいなくなり、一部将官たちの間では、ヒトラー抜きで密かにドイツの将来について真剣に摸索する者たちが登場していた。戦後、西側の覇権国となったアメリカのCIA創設に寄与し、同時にドイツ再建に精魂を傾け、高度なドイツ情報（諜報・防諜）技術を駆使し、BND（ドイツ連邦情報局）を立ち上げ、アメリカ・ロシア・イスラエルのベテラン情報機関員から賞賛の的になったラインハルト・ゲーレンもその一人だった。

ラインハルト・ゲーレンは、第二次世界大戦敗戦当時四三歳、陸軍少将でナチス・ドイツの陸軍参謀本部東方外国軍課長の地位にあり、対ソ諜報活動の責任者、ソ連情報のエキスパートとして暗躍していた人物だった。

ダブル・スパイを泳がせ、敵の情報を探るのに長《た》けていて、早くからドイツが勝利するにはスターリン一党独裁共産主義国家体制打倒を目指す新ロシア国家建設が効果的と主張し、当時ソ連領だったバルト三国や、帝政ロシアの復帰を夢見るソ連の戦争捕虜を味方に引き入れ、スターリン体制転覆を試み、「新ロシア国家建設」工作活動に熱心だった。

ゲーレンは母国語しか理解できなかったが、人並み外れた人材発掘の名手であり、その鑑識眼は音に聞こえていた。それだけに優れた部下にも恵まれていた。

この彼に、突然転機が訪れる。

敗戦間近いある日のこと、ヒトラーからソ連について東部戦線の戦況説明を乞われた彼は正直に、「戦況は非常に厳しく、ソ連軍は東プロイセンのケーニヒスベルクからウィーン、やがてベルリンを占領する」と、ソ連軍の総攻撃の時期や規模まで正確に報告したことでヒトラーの怒りに触れ、一九四五年四月九日、解任されてしまった。

だがゲーレンは、この事態を想定して、二月の中ごろから、すでに仲間や部下と示し合わせ、ソ連情報に関する機密資料を隠匿する作業に取り組みはじめていた。解任を機に、彼の作業はさらに本格的になる。

部署の一部をベルリンから安全な場所へ移す引越しのドサクサに紛《まぎ》れ、ゲーレンは全機密重要情報文書をトラック二台に積み、持ち出してしまったのだ。

ゲーレンがこうした行動を起こした背景について、彼は後日、こう語っている。

(1) ドイツが主要戦勝四カ国によって分割統治されるに当たって、その詳細な情報を入手していた。

(2) ルーズベルトの健康状態が思わしくなく、彼の死（事実ゲーレン解任三日後の四月十二日、ルーズベルトは死去している）は時間の問題との観測があり、ルーズベルトが亡くなれば、米ソ対立が急激に深まることが確実視されていた。

ゲーレンは、これらの機密情報資料を、アメリカ占領区に予定されていた方々の山中に埋めることにした。そのうえで彼は、

「当然、ソ連占領区になる地域に住んでいた妻と四人の子どもたち（一番下は当時二歳）を部下に依頼し、トラックに乗せ、アメリカ占領区になる安全な場所へと届けてもらった。でなければ、ソ連側は家族を人質にして、私を威嚇《いかく》し脅迫するに違いなく、そうなれば私の戦後実行することになる大事業は、全て水泡に帰すと思ったから」

（ゲーレン著『回想記＝奉仕―思い出の一九四二～一九七一』より）

ゲーレンがアメリカと交わした「紳士協定」

敗戦の知らせを受けると、彼は同志とともにアメリカに投降し、戦争捕虜として取り調べを受けたのち渡米し、来《きた》るべき米ソ対立冷戦に備え、新しい情報活動の下準備に取り掛かった。

そして一年後の一九四六年、ドイツへ戻り、アメリカ占領区フランクフルト郊外のオーバーウーゼルに居を構え、「ゲーレン機関」をスタートさせた。

彼の主な任務は、ソ連に対しての諜報活動にあった。

冷戦にあって、ソ連との対立が日増しに激化するなか、ゲーレンの持つ膨大な対ソ連情報は、アメリカにとって喉《のど》から手が出るほどほしい貴重な情報だったからだ。

当時のアメリカの対ソ情報は、お粗末そのもので、スターリンがルーズベルトをあたかも子分の如く扱い、横暴な振る舞いをしたのも、アメリカにこれという対ソ情報がないことをスターリンが把握していたからだった。

この弱点を痛感したルーズベルトは、急遽一九四二年「戦略情報局（OSS）」を創設し、スイスに支部を設置し、支局長にアレン・ダレス（アイゼンハワー大統領のもとで一九五三年から一九六一年までCIA長官を務めた。国務長官ジョン・F・ダレスは兄）を任命している。

だが、ダレス自ら「ゲーレンの豊富な情報力と緻密な分析力には足元にも及ばない」と正直に告白しているほどで、ゲーレンはそのアメリカの弱みに付け込んで大胆な取引まで行なっている。

ドイツにおけるゲーレンの交渉相手＝パートナーは、アメリカ駐在武官シーバード大将だった。二人は、作業をスムーズにこなすため、その都度、機密情報に当たる件に関しては、証拠を残さない配慮をし、口頭による協定を交わしている。

ただし、唯一、文書で交わした両者間（＝両国間）における「紳士協定」があった。その内容を要約すると、一つ、米独の共通目標は、共産主義と戦うことにある。したがって、従来どおり、ドイツの諜報活動は、何ら変更することなく継続し活動を行なうものとする。

二つ、「ゲーレン機関」は、アメリカの「ために」でもアメリカの「下で」活動するものでもない。相互対等な立場で、ともに活動するものとする。

三つ、アメリカ側に立ち、アメリカの諜報活動に協力するその原則を踏まえることには異論はないが、リーダーシップはあくまでも「ゲーレン機関」がとるもので、その期間はドイツが主権を回復するまでとする。

四つ、「ゲーレン機関」に対する財政的支援は占領軍分担金より捻出するものではなく、別枠にて計上するものとする。その見返りとして、「ゲーレン機関」はアメリカに情報を提供する。

五つ、「ゲーレン機関」はドイツ主権回復と同時に、ドイツ新政府にこの機関の存続につき、存続すべきか否かの決断を委ねる。それまでは機関の管理は、アメリカにあるものとする。

六つ、米独両国の利益に相違が生じた場合、アメリカは「ゲーレン機関」にその選択を一任し、束縛しないものとする。

この「紳士協定」により、「ゲーレン機関」はアメリカの従属機関ではないこと、したがってドイツ独自の諜報活動にアメリカの指図を受けないこと、ドイツが主権を回復したあかつきには、アメリカとは切り離してドイツ独自の情報活動を行なうこと、国際情勢が大きく変化し、米独関係に溝ができた場合、ドイツがその場で縁を切ることをアメリカは了解すること、をアメリカに宣言したのだった。宝の山をアメリカが欲しいのであれば、こちらの要求を呑めというわけである。

一九四九年の中国共産化、そして翌年一九五〇年の朝鮮戦争勃発で、ソ連の実力を目の当たりにしたアメリカとしては、ソ連情報に明るい「ゲーレン機関」に依存するしかなく、背に腹は代えられなかった。つまり戦後のアメリカにとって「ゲーレン機関」は、なくてはならぬ必要不可欠の存在だったのだ。

ゲーレンは、そうしたアメリカの事情を知り尽くしていたからこそ、アメリカとの駆け引きに臨み、無条件ともいうべき妥協を引き出したのである。

ドイツがヤルタとポツダム会談において受けた「勝者の正義」に対する静かなる抵抗であり、間接的な報復であった。

ゲーレンの無言の抵抗は、これに留まらない。

彼は、有能な元ナチの将官など戦友仲間や部下を、堂々と「ゲーレン機関」の要員とし

た。多くは元ナチ親衛隊員やゲシュタポのメンバーたちだったが、アメリカの暗黙の了解により、彼らの過去はすべて不問に付され、「ニュルンベルク裁判」での戦争犯罪人としての追及も免れることになった。

スパイ事件の発覚に果たした「ゲーレン機関」の役割

その後の「ゲーレン機関」の活躍については、言を弄《ろう》するまでもない。ゲーレンを筆頭に元ナチスグループが果たした対ソ情報活動は、アメリカのみならず北大西洋条約機構（NATO）にとって、どれもとっておきの貴重このうえない情報だった。

一つ例をあげると、クラウス・フックスの逮捕も、それにかかわる一連のスパイ事件の発覚も、ほかならぬ「ゲーレン機関」の活動によるものだった。

簡単に経緯を記すと、アメリカが原子爆弾の製造に乗り出したのは、ドイツからアメリカに亡命したアインシュタインなどユダヤ系の物理学者が、ドイツがその研究に着手しているとルーズベルトに警告したのがきっかけだった。ドイツに遅れてはならぬと、アメリカも一九四二年、「マンハッタン計画」を始め、ニューメキシコのロス・アラモスに研究所を創設、ロバート・オッペンハイマーが所長となった。

その後原爆は、一九四五年八月六日と九日、広島と長崎に投下されたことは周知の通りだが、その数週間前の七月十六日、ニューメキシコにて地上実験が成功していた。巧みに歩調を合わせて、翌十七日にはドイツのポツダムで、米ソ英の三巨頭、トルーマン、スターリン、チャーチルによる会議が開かれたが、その席上でトルーマンはなにげなく、強力な新兵器が完成したことを告げた。ところがチャーチルはさておき、スターリンはことさら驚いた様子を見せなかった。そればかりか「それはよかった」と答えたことで、トルーマンは不審に思った。

それもそのはず、その情報は、とっくにスターリンの耳に入っていたからである。

その情報を流していたのが、クラウス・フックスだった。

フックスはドイツで物理学を学んだ共産党員だった。一九三三年、ヒトラーが政権に就くや、フックスは身の危険を感じてパリ経由でロンドンに亡命した。その後は順調に頭角をあらわし、一九四一年には英国の原爆研究に参画するまでになり、一九四二年には英国国籍を取得している。と同時に、彼はロンドンのソ連大使館に接触し、スパイとなって、ソ連に原爆情報を送るようになる。

やがて一九四三年十二月、イギリス科学者チーム一五人が、アメリカの原爆開発「マンハッタン計画」の一員として渡米することになるが、その一人にクラウス・フックスも選ばれた。「マンハッタン計画」は指揮官レスリー・グローヴス将軍の管理下にあって極秘に進められたはずだった。

ところが、戦後判明したことだが、何とスタッフには、かなりの共産主義者が紛《まぎ》れ込んでいたのである。何しろ、ロス・アラモス研究所の所長ロバート・オッペンハイマーさえ、共産党のシンパだったし、妻をはじめ兄弟、友人なども共産党員だったのだ。

クラウス・フックスは一九四六年に英国へ帰国するが、一九五〇年二月、ソ連の原爆スパイ容疑で逮捕され禁固一四年の刑を受けたのち、一九五九年恩赦により出獄を許され、「ベルリンの壁」崩壊一年前の一九八八年一月に逝去している。

ちなみに一九五〇年に発覚したソ連核諜報活動によるローゼンバーグ事件は、クラウス・フックスの自白が発端となった。

反骨の人、ゲーレンの胸のうち

一九五六年、「ゲーレン機関」は、西ドイツ政府管轄下にあって、その名も新しく、「連邦情報局（BND）」としてスタートする。

念願を果たしたゲーレンは初代長官に就任、以後一二年間にわたって、冷戦での情報戦における西側の諜報活動に携わった。

「情報なくして、何のドイツ国家か」

ゲーレンは情報をアメリカに少しでも高く売ることで、ソ連と対立するアメリカにヒルのように吸い付き、アメリカを「隠れ蓑」に、ドイツを見事に復興させてみせたのである。戦中・戦後を通じ合計二六年間というもの、この道一筋に生き、そしてドイツの復興に尽力したゲーレンの面目躍如たるものがあった。

そのゲーレンの信条は二つあった。

一つは、敗戦直後から一〇年間、アメリカの情報活動、とりわけCIA創設に尽力し、アメリカに恩を売り、その信頼を勝ち取ることで、ドイツを情報大国として国際社会に復帰させること。

二つは、根っからの共産主義嫌いだった彼は、ソ連はその「諸悪の根源」として、いつかは崩壊させなければならぬと誓い、生涯をソ連との戦いに費やしてきたこと。

奇しくも、BNDが創設され、ゲーレンがその長官に就任した年は、ハンガリー動乱、長官退任の一九六八年には、チェコスロバキアで「プラハの春」蜂起が勃発している。

この蜂起を間接的にバックアップしていたのが、実は前者が「ゲーレン機関」、後者がBNDだったのだ。

「鉄のカーテン」や「ベルリンの壁」をかいくぐり、東ドイツや東欧諸国からの難民という名の亡命者に手を貸すことで、彼らを二重スパイに仕立て上げた。西に逃れてきた難民をスパイにして、再度、東に送り込んだのである。その中には、宗教を否定され弾圧の標的にされながらも、「鉄のカーテン」の向こうで、宗教活動に従事し、決死の覚悟で、宗教を守りぬこうとしたカトリックの神父やプロテスタントの牧師たちも含まれていた。彼らも、水面下で密かに東の市民とタイアップし、ときの親ソ体制攪乱《かくらん》に手を貸していたのだ。

その成果が一九八九年十一月の「ベルリンの壁」崩壊であり、二年後の一九九一年におけるソ連崩壊だったことはいうまでもない。

残念ながら、一九七九年に亡くなったゲーレンは、この成果を目撃することができなかった。しかし、それにしても、こうしたドイツの第二次世界大戦後の国家危急時におけるゲルマン民族の意地と誇りと決意には、脱帽するしかない。

彼らは戦争に敗れたことを恥じていない。

むしろ「負けたから、戦争で失ったものを再び、取り返す」という。

戦争で負け、茫然自失となって、国家の根幹になるものをすべて放棄してしまった日本とは何と違うことだろう。

「戦争のない平和な日本」というまやかしのスローガンのもと、日本が失ったものは計り知れないものがある。

「情報活動」はその一つである。

先の大戦にて、戦勝国米国は、第二次世界大戦後、日本を占領下におき、再び強い日本として再起せぬよう、国家の基盤、土台のすべてを実に巧妙に破壊した。だから、日本はかくも情けない国になったというが、これは日本人の単なる詭弁《きべん》にすぎない。日本を真の独立国家として復元する覚悟と情熱さえあれば、今日のドイツと堂々と肩を並べることも可能だったからだ。

いずれにしても、「情報放棄国家」日本の将来は、決して明るいとはいえない。

長い間「平和」を享受し、浮かれてきた日本に回ってきた「つけ」である。

6章　情報戦略と諜報機関（その2）

――世界の中の「情報欠乏国家」日本の惨憺《さんたん》

北朝鮮スパイの天国と化した日本

現今の日本において致命的な欠陥は、ほぼ一〇〇％、情報戦略が抜け落ちていることだ。「ベルリンの壁」崩壊直後だったから、かれこれ二〇年前の話になるが、当時、旧東ドイツ最後の北朝鮮大使だったハンス・マレッツキー氏にインタビューを申し込んだことがある。東ドイツという国家が消滅し、大使を解任された彼との面会の場所は「グリニッケ橋のちょうど真ん中、白線のあるところ」だった。彼がその場所を指定してきたからである。

実はこの場所、東西ドイツの境界にある橋で、冷戦中、大物小物を問わず、頻繁にスパイ交換に利用された曰《いわ》くつきの場所だった。

たとえば一九六〇年五月一日に発生したU―2撃墜事件。この事件は、アメリカのU―2偵察機がソ連領空に密かに領空侵犯し、偵察飛行をしていたところ、突如ソ連側のS―75地対空ミサイルによる迎撃を受けて撃墜され、CIA所属のパイロットだったゲーリー・パワーズが、ソ連の捕虜となり、禁固三年と重労働七年の刑を言い渡された事件である。

ところが、その二年後の一九六二年二月十日、パワーズは突如、同じくスパイ容疑で拘留されていたアメリカの学生フレデリック・プライヤーとともに、ソ連の秘密警察KGB

のスパイでアメリカの刑務所に服役中だったルドルフ・アベルと交換され、無事アメリカに帰国した。

その交換場所が、実はドイツ・ポツダムのグリニッケ橋だったのである。

それはそうと、そのとき聞いた元駐北朝鮮大使の話が、また衝撃的だった。

「日本と北朝鮮は表向き国交がない。にもかかわらず、水面下では多くの北朝鮮人が半ば公然と日本に出入りしている。日本は音に聞くスパイ天国だからね」

この辺の事情に関しては、インターネットのメールマガジン「国際派日本人養成講座」が次のように指摘している。

「日本侵入はきわめて簡単だとみられているほか、銃撃など武力による阻止・衝突がないため、韓国侵入とは違って工作員たちはほとんど緊張せず任務を遂行できる。日本への浸透作戦はピクニックに行くようなものだ。北朝鮮元工作員の証言である。彼らは『ピクニックに行く』気軽さで、覚醒剤を持ち込み、諜報活動を行い、日本人を拉致し、核ミサイル開発のためのハイテク機器を盗んでいく。まさに我が国は『法治国家』ではなく『放置国家』である」

（平成11年5月15日『北朝鮮工作船を逃がした理由』発行人：伊勢雅臣）

その典型的な実例が二〇〇一年五月、過去にも何度か密入国を繰り返していた金正日《キム・ジョンイル》総書記の長男、金正男《ジョンナム》の日本潜入事件ではなかったか。

彼はドミニカ共和国の偽造パスポートで、何食わぬ顔で日本に不法入国しようとし、東京入国管理局に身柄を拘束された。

これなど、日本側の対応によっては、北朝鮮による日本人拉致、在日本朝鮮人総聯合会（朝鮮総連）と結託した破壊工作、工作員活動、裏社会における政界人との癒着《ゆちゃく》など、「ならず者国家」北朝鮮の実態を全世界に知らしめる絶好のチャンスになったろうし、何よりも、少なくとも日本政府が公認する一二人の日本人拉致被害者を「人質」にして卑劣極まる外交を行なっている北朝鮮に対して、何ものにも代え難い大きな収穫になったはずである。

ところが、外交問題に発展することを恐れた日本政府、とりわけ、当時の田中真紀子《たなかまきこ》外務大臣の判断により退去強制処分ですまされたというのだから、お話にならない。

日本の情報＝防諜整備がいかに欠落しているかの典型的な例といってよく、従来の北朝鮮による拉致被害事件における歯がゆいばかりの優柔不断な対北弱腰外交も、突き詰めればその延長線上にある。

それもこれも、外交上の対抗策としての有利かつ決定的なカードとなる情報が不足しているからだ。

ドイツにおける防諜体制とは

ドイツは戦後、同じゲルマン民族同士でありながら、東西に分裂し、冷戦の最前線で戦うことを余儀なくされた。

ベルリンも一九八九年「ベルリンの壁」が崩壊するまで、東ドイツ領域に位置し、「陸の孤島」として、それぞれ米ソ英仏四カ国が線引きし占領統治していた。

戦勝主要四カ国が編み出した実に冷酷かつ狡猾《こうかつ》なドイツ占領政策で、ゲルマン民族、つまり身内同士を、「冷戦」という名の最前線でお互いに戦わせ、エネルギーを消耗させ、ドイツ弱体化を図るというものである。

彼らは二度とドイツを強国にしてはならぬという点で一致していた。

そのドイツは、一九四九年、西ドイツはボンに、東ドイツは東ベルリンにそれぞれ首都をおいて主権を回復することになった。

これにより、西ドイツでは、一九五〇年には内務省直轄の「憲法擁護局」、一九五五年、再軍備によりドイツ連邦軍を創設、と同時に、北大西洋条約機構に加盟し、翌年、内閣首相府直轄の「連邦情報局（BND）」、および国防省直轄の「軍諜報局」を設立している。

東ドイツ市民・フリッケ一家の物語

一方、東ドイツでは、ソ連の東ドイツおよびベルリン占領と同時に、ソ連秘密警察による「ナチス狩り」が開始され、各行政区から毎日のように公示が出され、その指令に従って、ナチスという烙印を押され、投獄に遭う市民が続出した。

彼らの多くは、戦時中、村役場の役人か、「ヒトラー・ユーゲント」に入団していた十二、三歳の少年などで、ナチスによってユダヤ人が投獄されたその同じ強制収容所や刑務所に投獄されたり、さらに運の悪い者はシベリアへ送致されてしまった。

私が数十年前知り合った、当時ドイツ放送局東西問題編集局長カール・W・フリッケもその一人で、彼のケースは、一家全員がその犠牲になっている。

最初は父親にその矛先は向けられた。

フリッケによると、こうだ。

「一九四六年六月のことでした。突然、父はソ連兵と人民警察官によって、自宅からどこへともなく連れ去られてしまいました。

音信があったのはその二年後のことで、父は一二年の懲役刑をいいわたされていました。秘密裁判だったそうで、母は、服役先の刑務所からの短い便りで、父が投獄されたことを初めて知ったのです。父は獄死しました。

なぜ、父がそんな目に遭わなければならなかったのか。父がナチ党員だったことは事実ですが、ナチ体制の熱狂的な支持者ではなかった。

何しろ当時は国民の九割がナチ党員でした。父は教職についていましたから、党員でなければ教職に就けなかった時代だったのです。

強《し》いていえば、両親は借家を持っていました。あるとき、見知らぬ男がアパートを借りに来たのを断っています。男は共産党員だったといいますから、両親はブルジョワの片割れと見られ、密告されたのだと思います」

次はフリッケ自身だが、彼は二度にわたって東ドイツ側の官憲に捕まっている。

一度は、父が獄死した翌年一九四九年、二〇歳のときで、若い女教師が共産主義に心酔し、授業中、しきりにソ連と東ドイツ体制を盲信し賛美するのに彼は反発していた。反抗的で生意気なうえ、反共産主義思想に毒された危険人物としてマークされた彼は、女教師に密告され、授業中、ソ連兵に連行された。

連行先は、ソ連軍に接収された元富豪の邸宅の一室だった。警備の手薄なチャンスを狙えば、逃げおおせると判断したフリッケは、緻密に逃亡計画を練り、見事に成功した。逃亡二日後、ようやくイギリス占領区（ドイツ北西部）にたどり着いたフリッケは、ジャーナリストを志して大学に入学した。共産主義の美名に隠れた欺瞞《ぎまん》、悲惨な状況をジャーナリズムを通して告発するためだった。

フリッケが二度目に逮捕されたのは一九五五年、二六歳のときで、フリー・ジャーナリストとしてスタートしたばかりの年だった。

当時フリッケは、冷戦の最前線ベルリンのアメリカ占領区に住んでいた。そして、主にソ連占領区（東ベルリン）に関する情報収集に携《たずさ》わり、新聞社に記事を提供していた。同年の四月一日、この日、フリッケは、クルト・リットヴァーゲンと名乗る男から、ある情報を入手することになっていた。

男は、彼自身の語るところによれば、北ドイツ・ハンブルク出身。一九〇四年生まれで、当時四六歳だった。生粋の共産党員で、ナチスの追及を避けてソ連に逃れたころ、スターリンの弾圧に遭い、ソ連で五年の刑を言い渡され服役した。

さらに、スターリンとヒトラーが一九三九年に締結した「独ソ不可侵条約」とともに交わした密約「ソ連に逃げ込んだドイツ共産党員や、ナチスが重要人物と判断したユダヤ人五〇〇人を逮捕しナチスの手に引き渡す」により、ドイツに渡され、第二次世界大戦敗戦まで、五年間強制絶滅収容所で、地獄のような悲惨な体験をし、生き残った。

敗戦後は一九五二年までソ連占領区の東ベルリンに住み、その後西ベルリンに逃亡してきたことになっていた。

「西」側逃亡後は、東ドイツ体制批判者として西側に協力的で、フリッケも、たびたび貴重な情報を彼から入手していた。

フリッケが男と待ち合わせた場所は、当時共産圏からのスパイがたむろし、西側のスパイと待ち合わせ場所として頻繁に利用されていた一画だった。

待ち合わせ時間は午後三時。

男は約束の時間に現われた。

だがその日に限って、「約束の資料はアパートで渡したい」というので、アパートまで同行することになった。アパートには男の妻が待っていて、お互いに紹介の挨拶が終わると、タバコとブランデーを勧められた。勧められるままにブランデーを一口飲んだ。頭が朦朧《もうろう》としてきたが、アルコールの入ったせいだ、と別に気にとめなかった。やがて吐き気を催したのでトイレに入った。居間へ戻ってソファに身をしずめたとたん、意識を失ってしまった。

いうまでもなく、男は東ドイツ側から送り込まれたスパイだったのである。ブランデーはフリッケの背後で注がれたため、麻酔剤を混入したことに気が付かなかったのだ。

フリッケは、そのままソ連占領区の東ベルリンへ拉致された。

翌四月二日十九時三十分、フリッケが借りていたアパートの家主は、西ドイツのハノーバーからという電報を受け取っている。内容は次のようなものだった。

「急用でハノーバーへきた。もしフリーデリンド（フリッケの妻。当時は婚約者）から問い合わせがあったら、帰宅早々電話を入れると伝えてほしい。帰宅は多分明日になると思う。カール・W・フリッケ」

だが、この電報が届く一〇時間前、すでに婚約者の機転で、警察にフリッケ行方不明の届出は出されており、電報は、いうまでもなく東ドイツ国家保安省「シュタージ」が打ったニセ電報だったのである。

警察は直ちにフリッケの部屋を調べた。

卓上カレンダーに男と会う日時と場所、電話帳に電話番号と住所が書き込まれていたのが、男の居場所を突き止めるきっかけになった。

警察当局は、事情聴取のため男を連行した。だが確認がとれないまま、一時身柄を釈放したこの隙《すき》に男は妻と、東ドイツへ逃げ込んでしまったのである。

拉致されたフリッケは、国家保安省の未決拘置所に一年三カ月拘禁されたのち、スパイの罪で四年の懲役刑を言い渡された。裁判は非公開だった。

未決拘留期間が一年三カ月と長引いたのは、スパイ容疑で拘禁したものの、証拠がまったく見つからなかったからである。

判決後、フリッケは東ドイツの地方都市バウツェンにある、おもに政治犯が投獄された刑務所に護送された。

服役中、二つの出来事を知り、改めて東ドイツの体制に対し、激しい憤りに襲われている。一つは、ある日、突然母親からの手紙を受け取り、母親もまた服役しているのを知ったことだった。

一九五五年四月六日、フリッケが西ベルリンで拉致されてちょうど五日目、東ドイツに住んでいた母親も、息子の巻き添えにあってスパイ容疑で逮捕され、二年の懲役刑を言い渡されていた。

二つ目は、最初の逮捕の際、偶然フリッケの尋問を担当していた男と獄中、再会したことである。もっとも、再会したときは、彼は犯罪者として服役していた。罪状は窃盗だった。窃盗犯として一〇年の懲役刑を言い渡されたのだ。本人は、口を閉ざして多くを語らず真相は謎だが、背景には政治的な「落とし穴」があったらしい。

フリッケ自身は「二度目の逮捕で、僕は、間違いなく官憲の手で殺害されると思っていました。国家保安省では、僕を危険人物だとマークしていて、いずれ闇から闇へと葬るつもりでいたといいますから」。

そうならなかったのは、フリッケによると、『西』のメディアが、大物の政治家とタイアップして、各界の協力を得て、大々的なキャンペーンを展開し、フリッケ救出運動を行なったからで、東側もついに折れざるを得なくなった」からだという。

「ベルリンの壁」をめぐる東西の熾烈な情報戦

東ドイツは、ソ連の秘密警察による恐怖政治をそっくりそのままコピーしたうえ、ソ連顔負けの悪名高き秘密警察「シュタージ」を創設し、共産党一党独裁下において、半ば強制的にプロレタリアート人間創りに精魂を傾けていた。

第一段階は、過去ブルジョワ市民階級に所属し、ナチス体制に手を貸していた者を、真っ先に法曹界から追放し、その代わりにナチス時代、もしくはそれ以前からの共産党員で、投獄、亡命、職業活動禁止に遭っていた者を、率先して法廷の場に登用することだった。

第二段階では、密告奨励制度を作り、学校では教師が生徒を、家庭では子どもが親を、夫婦でさえも相手の動向を探り、密告する。非公式協力者と呼ばれる隠れ密告者を多数抱えることで、国民が互いに監視し、国内の反体制分子を摘発し官憲に突き出すという体制を築いた。

その完璧な情報収集ぶりはソ連の秘密警察KGBをも脱帽させるほどで、密告者の総数たるや東ドイツ人口の一割以上という恐るべきものであった。

反体制分子と目された人々の個人情報記録は東ドイツ崩壊後、本人に限り閲覧ができるようになり、私もその閲覧オフィスを訪ね、何人かにインタビューを申し込んだが、家族や同僚、友人が実は「シュタージ」の協力者で、裏切られたと知って憮然とし、必ず復讐すると誓ったり、意気消沈して落ち込んでいる人に会い、どう慰めていいものか、戸惑ったものだった。

当然、このような体制に恐れおののいた東ドイツ市民は、次々と西ベルリンや西ドイツを目指し逃亡していった。

その数は日を追うごとに多くなり、ついに東ドイツ政府は、一九六一年八月十三日未明、「ベルリンの壁」を構築し、東西ドイツ人の往来を途絶し、封鎖してしまった。

にもかかわらず、壁を越え西ベルリンに脱出しようとする東ドイツ住民は後を絶たなかった。西から密かに潜入した「助け屋」や「持ちかけ屋」に多額のカネを払い、壁にトンネルを掘ったり、自動車に隠したりして西へ逃れた。

また、旧東独政府自らが、外貨不足をカバーするために、逃亡準備段階、あるいは逃亡しようとして失敗し逮捕された市民を「西」に買い取ってもらうということまでした。つまり、彼らは、西ドイツへの脱出希望者を、外貨稼ぎの道具として利用していたのだ。

ちなみに不幸なことに、「壁」を乗り越えようとして東ドイツ国境警備隊により殺害された死亡者合計二六二人はさておき、「ベルリンの壁」崩壊まで二八年の間に約七万五〇〇〇人もが東からの逃亡に成功している。

実は、この背後に見え隠れするのが、両国の間で死力を尽くし智恵を振り絞って展開する情報合戦だったのだ。この脱出＝逃亡劇では、誰しも大なり小なり情報提供者としての役割を演じていたからである。

それだけに、ドイツ人同士が敵味方に分かれ最前線で戦う東西情報合戦は熾烈をきわめ、平和にどっぷり浸かった日本人には、想像を絶するものだった。

西独首相の秘書は、東のスパイだった

ついに七〇年代、当時の西ドイツのブラント首相が辞任に追い込まれるという事件が発生した。原因は、秘書ギョームが東独から送られてきた辣腕《らつわん》スパイだったと判明したから

だった。

ギョームは妻とともに、東ベルリン所在の「国家保安省」によりスパイ教育を受け、一九五六年に西ドイツに入国した。最初は難民に成りすまし、政府の支援を受けて生活すると、やがて社会民主党に入党し、一党員として地方で地道に活動を開始。その手腕が認められるや、めきめきと頭角を現わした。

ブラント政権成立後、首相官邸で職員として勤務が許されたのは一九七〇年のことで、その真面目さがブラント首相の目に留まり、個人秘書として採用され、まもなくブラント一家の信頼を勝ち取り、ともに一家で休暇を過ごすまでに親しくなっている。以後、西ドイツのトップクラスの機密事項は、すべて東ドイツに筒抜けになってしまった。

この事実を嗅ぎ付けた西ドイツの連邦憲法擁護局はギョーム夫妻を一一カ月間、監視下に置き、用意周到に逮捕への準備を重ね、一九七四年逮捕した。その後一九七五年十二月、西ドイツの法廷はギョームに禁固一三年、その妻クリステルに禁固八年の刑を言い渡した。だが五年間服役したのち、一九八一年、東ドイツの刑務所にて服役している西ドイツ側のスパイとの交換で帰国を許され、夫妻は東ドイツに英雄待遇で迎えられている。

ない。

フランクフルトにおける中国人反日デモの真相

こうした熾烈をきわめるスパイの情報収集活動は、日本の近隣諸国においても例外ではない。

中国を含め、韓国、北朝鮮が、いかに海外宣伝という名の情報戦に長《た》けているか、私が実際に見聞きした中で、その典型的な事例を、紹介してみようと思う。

中国において官製デモと思《おぼ》しき大規模な反日デモが発生したのは二〇〇五年四月のことである。きっかけは三月に韓国で竹島問題による反日運動が発生したことで、これに触発されて、中国では各地で歴史教科書問題や日本の国連安保理常任理事国入り反対の署名活動が始まる。

その後、四月二日には四川《しせん》省成都《せいと》で日系スーパーに対する嫌がらせ暴動が発生、首都北京や上海でも大規模な反日デモが発生し、一部は日本大使館を襲撃するにいたった。これを体制への不満と察知した中国政府はさらなる波及と拡大を恐れ、急遽、沈静化を図っている。

ところが、中国国内における反日デモが一段落したころ、海外の中国人社会で反日の火がついた。英国では四月二十一日、ロンドンの日本大使館前に在住中国人数十人が、翌日二十二日にはニューヨークの国連本部前に約三〇〇人が、五月に入って当地ドイツでも各地で中・韓両国留学生が共同作戦を張って反日デモを仕掛けた。

私が住むフランクフルトの日本総領事館では、これに先立ち「フランクフルトにおける対日抗議デモ詳細について」という通達を日本人に出している。

それによると、「常に冷静な対応を心がけ、不必要にデモ隊には近づかない。言動に注意する（大声で話すなど目立つ行動は避ける）」などとある。

「これだから、彼らを我がもの顔でのさばらせてしまう」

そう思った私は、早速夫を誘い、現場へ駆けつけ、通達とは正反対の行動をとってみた。

集合場所にはすでに数人の学生が各自中国と韓国の国旗を持って広場に集まり、シュプレヒコールを挙げている。警備車も出動し、その前で警官が勢ぞろいしている。これに気を強くした夫はいきなりリーダーらしい若い学生に食って掛かった。

「『反国家分裂法』を勝手に作って台湾侵略を狙うキーナ（＝シナ）に反日デモを仕掛ける資格はない。ましてやここはどこだと思っている。どうしても反日デモを仕掛けたかったら、北京でやればいい。中国へ帰って、北京政府にデモを掛けることだ。それができない意気地なしがドイツでデモを仕掛けるとは卑怯というもの。ドイツ留学する資格はない。早々に荷物をとりまとめ中国へ帰れ」

今にも殴り合いになるのではないかと思う剣幕で、まさかこんな場所でいきなりドイツ人に抗議されるとは夢にも思わなかったのか、彼らは急におとなしくなってしまった。

しかも途中、デモの首謀者がデモ隊から離れ、姿を消そうとしたのを目撃した夫は早速尾行してみた。ところが尾行に気づかれたとみえ、あっという間に見失ってしまった。夫は「さすがに、プロだ」と感心していたが、この反日デモが黒幕によって仕掛けられている官製デモである事実を確認したものだった。

中国が、国内での反日デモが国際社会でごうごうたる非難を浴びたために、その起死回生策として、世界の主要都市で、反日デモを仕掛けたものの、私が住むここフランクフルトでは、名もないドイツ人市民の抗議に遭って見事に失敗してしまった。たちまち意気消沈し、すごすごと後退するのを目撃して、一市民といえど、プロパガンダやデスインフォメーション（偽情報）に動じることなく、自らの強い信念に従って、毅然として反撃すれば、それなりの効果が得られるという確かなメッセージになった。

中国、韓国、北朝鮮の各代表が国連の場で、こぞって日本批判の大合唱を展開したり、さも日本が「ワル賢い」大国でもあるかのような印象づけを行なっていることに対しても、日本が毅然とした態度を示せば、打破できるというよいお手本である。

それにしても、手法はともかく、この巧みな近隣諸国の海外宣伝戦略には舌を巻く。

日本における情報戦略のこれから

一方、日本はどうか。確固とした情報戦略などあるやなしやの状態で、海外向けに自国のPRを行なうことには、なぜか及び腰だ。

在外公館をはじめ海外出先機関の重要な任務の一つは、徹底した専門教育を受けた優秀な情報担当官（あえてスパイと言ってもよいが）による現地での情報収集活動にある。

誹謗中傷、あるいは明らかに捏造と思われる情報であれ、他国は日ごろから丹念に収集・分析し、いざというときの〝切り札〟を用意している。

出先機関が現地の政治にも深く関与すべく動き、時と場合によって、クーデターにも手を貸すことがある。それが世界の現状にもかかわらず、こうした活動は、わが国の場合、なぜか機能してこなかった。

もしも日本が、こうした危機管理術、情報収集能力に長けていたらどうだったか。

少なくとも、拉致被害者の横田《よこた》めぐみさんらは、とっくに奪還されていたに違いない。

それなのに、これまで、情報戦における、いうなれば現地における情報活動や海外宣伝活動をなおざりにしてきたために、日本はいまだに北朝鮮からさえも翻弄されつづけている。

確かに日本には、外務省、防衛省、警察庁並びに法務省などに優れた情報機関はある。報道によれば、遅まきながら、外務省は、対外情報収集の能力強化を図るため、在外公館での情報収集活動に専念する「情報担当官」を置くことにしたという。

とはいえ、箱は用意したものの、後れを取り戻すに急なあまり、中身がお粗末という噂もちらほら耳に入っている。

この体制を機能させるうえで重要なのは、いうまでもなく優れた人材の発掘であり、育成だ。情報担当官に必要不可欠な資質は、何をさておいても愛国心に裏打ちされた、いかなる危機的境遇にも怯《ひる》まない強靭な信念にある。

だがそれにしても、こうした人材は一体誰がどうやって発掘し、育てていくのだろう。

斎藤充功《さいとうみちのり》著『昭和史発掘 幻の特務機関「ヤマ」』によると、

「かつての日本は『情報』の重要さをよく知っていた。そして優れた情報戦術のプロが大勢いたのである。その中でも、決して表舞台には現れぬトップのエリート軍団があった。『スパイ狩り』専門の対敵防諜機関である。スパイ戦士を養成していた陸軍中野学校とスパイ戦機材を開発していた陸軍登戸《のぼりと》研究所のサポートを受けて、イリーガルな殺しまで実行していた。その名はヤマ機関」

「ヤマ機関には、終戦時には少なくとも四百名からのスタッフが働いていたわけだが、戦後、半世紀を過ぎて、元諜報員の生死を確認できたのは十名に過ぎなかった。（中略）日本で唯一、戦前、存在した本格的な『ヤマ』は、表の歴史に記録されることなく、今日まで封印されてきた。しかしその活動のヴェールを剝いで見ると、彼らは命を賭けて防諜活動をしており、敵とはインテリジェンスの戦争をしていた」

というのに、一九四五年八月、敗戦と同時に、解散してしまった。

せめて地下組織ぐらい残して、したたかに生き残りを図っていれば、その復活も容易だったろうに。戦後七〇年、平和とは命を懸けて戦いとるものだという原点をきれいさっぱり忘れ去り、「水と安全はタダ」という能天気な思想にどっぷり浸りきってきた日本人。

現在の日本の「情報欠乏国家」の惨憺《さんたん》たる状況を目の当たりにするにつけ、実に惜しいことをしたと思う。

7章　再軍備と旧軍人の処遇

――旧軍人を復興に活用した国、社会から葬った国

戦後の日本に対するアメリカの思惑

日本もドイツも、敗戦後、軍は解体され消滅した。戦勝国からすれば、この両国に軍備を持たせればろくな事はない。再びまた困ったことを起こしかねないというわけで、永遠に牙《きば》を抜いてやれということではなかったのか。

だが、その後の再軍備にいたる道のりは、対照的だった。何が日独両国の違いを生んだのだろうか。

「軍を失うも、国を失わず」という言葉を遺《のこ》し、陸軍大臣阿南惟幾《あなみこれちか》が自刃したのは、一九四五年八月十四日夜のことだった。

彼は遺書に「一死《いっし》以《もっ》テ大罪《たいざい》ヲ謝《しゃ》シ奉《たてまつ》ル　昭和二十年八月十四日夜　陸軍大臣　阿南惟幾　神州《しんしゅう》不滅ヲ確信シツツ」と書き残したうえ、

「大君《おおきみ》の深き恵《めぐみ》に浴みし身は　言ひ遺《のこ》すへき片言もなし」

と辞世の歌を詠み、逝った。

このときから、五五〇万人を誇った日本軍は音を立て、雪崩《なだれ》を打つように消滅してしまった。東京湾上の戦艦ミズーリ艦上で降伏文書に調印したのは、九月二日である。

以後、日本は連合軍という名のもと、アメリカに占領され、国防はアメリカ軍の手に委ねられた。

こうした軍隊なき丸裸の日本が、その屈辱の軛《くびき》から解放されることになったのは、敗戦の五年後、一九五〇年六月二十五日に勃発した朝鮮戦争がきっかけだった。

日本の隣国で、米ソ対立による代理戦争が勃発したのである。この戦争に備えるために、マッカーサーの命令で、急遽陸上自衛隊の前身である警察予備隊の新設（七万五〇〇〇人）、そして海上保安庁五〇〇〇人の増員が決まった。

やがてその四年後の一九五四年七月一日、自衛隊法が施行され、ようやく陸・海・空三軍の自衛隊が整備され、日本も普通の国として息を吹き返した。

同時に、防衛庁が設置され、その防衛庁が省に昇格したのは五三年後の二〇〇七年だった。自衛隊は、誰が見てもれっきとした軍隊であるが、いまだ、正式に「軍隊」と認められていないことは、いまさら述べるまでもないだろう。

日本国憲法「第九条」が、あたかも喉《のど》に突き刺さったとげのように、自衛隊の手足を縛り、その存在を曖昧にしてきたからだ。それにより隊員の士気を著しく損なっていることは言を俟《ま》たない。

こうした曖昧な形での自衛隊の存在が許されてきたのは、言うまでもなく、「日米安保条約」の存在があったからだ。

その前にアメリカは、日本占領政策の一環として、日本人自身を「平和」というばら色のスローガンで虜《とりこ》にし、媚薬《びやく》を与えることで、日本国民から「国のために戦う」気力を喪失させ、日本国の根幹である安全保障を骨抜きにしてしまった。

そのうえで、アメリカは空き腹を抱えている日本の国民に、ララ物資という名の援助物資を届け、満腹になるには「大砲よりバター」だと、リッチな経済国になることを奨励した。

そのスケープゴートの対象が、旧日本軍の存在だったのだ。

米軍は「良い軍隊」であるのに反して、旧日本軍は近隣諸国に侵略し、残虐行為を重ねた「悪い軍隊」として、その十字架を背負わせる。結果、旧日本軍に少しでも関わりのあるモノもヒトも、徹底的に懲《こ》らしめ糾弾し、遠ざけてしまう風潮が世の中で幅を利《き》かすことになった。

看板の書き換えも始まった。

戦前の「日本を守るために戦った」というスローガンは、一瞬のうちに「軍人が暴走したから戦争が起こり、そのため国民が犠牲を強いられた」に取って代わってしまった。

戦後の日本における「軍人＝悪のシンボル」という図式は、旧軍人、その家族や遺族をも直撃した。彼らは、息を潜め人目を憚《はばか》り、ひっそりと暮らさねばならなくなったからで、「日本軍国主義」の象徴とされた東條英機《とうじょうひでき》元首相の一家もそうだった。孫の東條由布子《ゆうこ》氏の話では、「祖父が英機というだけで教室の黒板の前に立たされたり、授業への出席を拒否され、校庭で一人ポツンとおいてけぼりにされたこともあった」という。軍人の子弟というだけで、クラスメートはむろん、教師からもイジメに遭ったという例は枚挙に暇《いとま》がない。

「関東軍が民間人を見捨てて逃げた」説は本当か？

日本軍とその軍人に、日本人自ら唾を掛け、彼らを貶《おとし》め、悪の権化とし晒《さら》し者にしたのである。そうしたなか、旧軍人に対する根も葉もない誹謗中傷が、戦後、事実であるかのように一人歩きしてしまった例も少なくない。

私など子ども心に、頭の中に刻み込んだ話に、満州引揚げの途中で大人たちから再三聞かされた、「日本の軍人とその家族は要領がいい。我々民間人を見捨てて、日本へ帰ってしまった」というのがある。

一九四五年八月十五日、天皇陛下の玉音放送を聞いたその瞬間から、私が住んでいたハルビンでは、主に中国人（当時は満州人と呼んでいた）による日本人への略奪や殺害が始まった。

守ってくれるべき日本軍は、影も形もなく、取り残された民間人たちは、ただ右往左往するばかりだった。

　ありったけの知恵を絞り、差し迫る危険から身を守り、ギリギリの売り食いで露命をつなぎ、引揚げの時期を待った。日本への引揚げが始まったのは翌年の秋だったが、各自リュックサックを背負って、無蓋列車に乗ったり、時には何十キロも歩きつづけ、新京《しんきょう》（現・長春）という町を経て、コロ島に到着した。そこから貨物船に乗って日本へと向かったのである。

　その間、私自身、子ども心に「日本の兵隊さんて、随分薄情だなあ。私たちを置いてけぼりにして、こんな目にあわせて逃げ出すなんて、酷《ひど》いことをする」と思ったものだ。

　そうした日本の軍人に対する思い込みに疑問を感じるようになったのは、「東京裁判」の事実を調べはじめたつい十数年前のことである。

　極東国際軍事裁判にソ連側の証人として、シベリア抑留生活を送っていた松村知勝《まつむらともかつ》（終戦時陸軍少将、関東軍総参謀副長）、瀬島龍三《せじまりゅうぞう》（陸軍中佐、関東軍参謀）、そして草場辰巳《くさばたつみ》（陸軍中将、大陸鉄道司令官）の三人が、出廷することになり、ウラジヴォストークからソ連軍用機にて、空路東京へ護送されたのは一九四六年九月十七日だった。

　ところが、そのうちの一人、草場は出廷する直前に、隠し持っていた青酸カリで自殺してしまった。五八歳だった。彼は、手帳にこう書き残している。

「私の罪は、私が大陸鉄道司令官だったにもかかわらず、満州の避難民に輸送（列車）を確保できなかったことです。私は死ぬしかありません」

草場は、ソ連参戦をきっかけに、満州各地に住んでいた民間人約一五五万人もの移送の責任を、自らの命を断つことで償おうとしたのだ。

このあたりのいきさつを整理すると、次のようになる。

第二次世界大戦末期の一九四五年八月九日未明、ソ連軍は「日ソ中立条約」を破棄して満州へと侵攻してきた。

そして八月十九日、停戦交渉に臨んだソ連極東軍司令官ワシレフスキー元帥は、関東軍総司令官山田乙三《やまだおとぞう》大将に、ソ連軍とのすべての戦闘を終了するよう迫った。その際、日本軍側は在留民間人保護をソ連側に懇願した。ソ連側もこの点に関し了承した。

だが、これは単なる口約束に過ぎず、日本軍崩壊後、怒濤《どとう》のように押しよせたソ連軍の前で、取り残された民間人はひとたまりもなく、ただ彼らの暴虐に身を任せるしかなかったのだ。

死亡者の半数近くはソ満国境地帯を中心に入植した開拓団の人々だった。ソ連軍や中国人暴徒からの過酷な逃避行。都市部にたどり着いても引揚げ列車はなく、避難所で厳しい冬に直面した。新京近郊の村の開拓団長だった戸谷義次《とやよしじ》が話す。

「終戦後五日ごろから、北から逃げてきた人が続々と新京に入ってきた。背中におぶった赤ん坊が死んでウジがわいているのに気付かない半狂乱の母親や、身ぐるみはがされて麻袋を体に巻き付けただけの女性もいた」

新京の避難所では食料が不足し、赤痢やチフスが大流行した。日本人墓地には氷点下三〇度の寒さで凍った丸裸の遺体が数百人分山積みにされ、野犬に食い荒らされ放題になった。翌年春までの死者は新京だけで約三万人に上ったという（共同通信社社会部編『沈黙のファイル』）。

草場は、その民間人保護・移送の責任者だった。「東京裁判」の証人として東京に召喚されたのを機会に、責任を取って命を断った。

私はこの話を知って、「おや、これまで聞いた話と違うではないか」と思った。民間人を見捨てて安閑としていたのであれば、このような行動を取るはずはないからだ。と同時に日本軍人の心意気を垣間《かいま》見たような気がしたものだ。

「旧軍人＝悪人」という図式の犠牲者たち

戦後、「旧軍人＝悪人」説の犠牲となり、表舞台に復帰することなくすごした有為の人材は多い。

敗戦当時は陸軍大佐で、関東軍総司令部参謀、作戦班長だった草地貞吾《くさちていご》もそのうちの一人である。

彼は、満州で終戦を迎えたあと、シベリアへ抑留され、以後一一年余り服役し、一九五六年十二月二十四日、興安丸《こうあんまる》にて帰国の途につき、舞鶴《まいづる》港に着いた。

抑留中、彼の天皇への忠誠、共産主義および革命を否定する信念は終始一貫変わらず、いかなる残酷な拷問や独房生活にも耐え抜いて筋を通した。

その彼は、最愛の妻と幼い子ども二人を、満州からの引揚げの途中亡くしている。

「前略　驚かないでください。引き揚げの途中、朝鮮でいいしれぬ苦労をし、母、貞義、静子の3人は発疹チフスにかかり、死んでしまいました。どうか気を落とさないで下さい。

貞子姉、僕、春子の3人で、昭和二一年六月、ぶじに帰国できました。祖父はお父ちゃんの帰りを待ちわびていましたが、一昨年（昭和二五年）に亡くなり、（中略）どんな苦しいこと、悲しいことがあっても、姉弟三人心を合わせて頑張りますから、心配はいりません。お父ちゃんの帰りが一日も早いように祈ります。二七・八・十三記」

（小松茂朗著『関東軍参謀・怨嗟の中に立つ悲劇の軍人伝』）

シベリア抑留中、息子からのこの手紙を受け取って、慟哭《どうこく》した草地は、次の歌を詠んでいる。

「母逝《ゆ》くと　吾子の拙《つたな》き　返しぶみ　読みて握りて　耐えてまた読む」

五二歳で帰国した草地は、一九五八年、妻の姪と再婚。その後、日大文理学部に入学し教員免許を取得し、京都産業大の寮監長、国士舘中学・高校の校長を務めた。

一九九一年四月、旧ソ連のゴルバチョフ大統領（当時）来日の際は、「私は君の父親と同じ年齢だ。父として言う。北方領土を返したまえ」と一喝している。

二〇〇一年（平成十三年）十一月十五日、九七歳にて永眠した。草地を知る東大名誉教授小堀桂一郎氏によると「人格者で立派な方で、尊敬していた」という。

名将・今村均《いまむらひとし》と、戦後の暮らし

戦後、まったくもって身をひそめて余生を送ったのは今村均《いまむらひとし》だ。

彼を知る同僚や部下の評価は、おおむね、「その戦いぶりは、あたかも真田幸村《さなだゆきむら》のように果敢であり、その温厚な政治力は石田三成《いしだみつなり》を連想させ、この人物こそ真のリーダーと呼ぶにふさわしい」ということで一致している。

と同時に、孫子《そんし》の兵法に「将とは、智・信・仁・勇・厳なり」とあるが、今村はまさに「物事を明察できる智力、部下の信頼、部下を思いやる仁慈の心、困難にくじけない勇気、軍隊を維持する厳格さなど、将軍が備える能力をすべて持ち合わせた陸軍大将であり、彼こそ昭和のサムライとしてふさわしい人物だった」ともいう。

第二次世界大戦における今村の最も華々しい戦功は、戦争初期、ジャワ島攻略戦を指揮し、一〇万もの大軍で押し寄せたオランダ軍と英軍をわずか九日間で降伏させてしまったことだ。

彼はそのジャワ占領では、現地人の協力を得て、偽情報を流し敵軍を攪乱《かくらん》するなど、有利な状況を作り出したうえで、インドネシアの独立運動指導者として収監されていたスカルノなど民族主義者たちを釈放したばかりか、敵により破壊された石油精製施設など産業の復旧や、混乱した社会の治安維持などに努め、原住民から敬愛された。

その後、今村は、ラバウルに着任すると間もなく、いずれアメリカ軍が制海権と制空権を握れば本国からの補給を断たれると予測し、島内に大量の田畑を作り、自らも鍬《くわ》をとって耕し、自給自足体制を構築したばかりか、持久戦に備え大地下要塞建設に着手し、終戦まで、持ちこたえてみせた。

だが、今村が本当の意味でサムライ魂を発揮するのは、敗戦後である。

彼は捕虜虐待の最高責任者としてオーストラリアの戦犯裁判で禁固一〇年の判決を受けているが、敗軍の将にふさわしく、部下に対する不当な戦犯裁判に敢然と立ち向かい、多くの部下の無罪を勝ち取った。

そればかりか、有罪判決を受けた部下たちが、戦争捕虜虐待で「最悪の収容所」として知られていたマヌス島に送られ虐待されていると知るや、自ら、そこでの服役を申し出、却下されるとGHQに直訴した。

この訴えを聞いたマッカーサーは、「私は今村将軍が旧部下とともに服役するためマヌス島行きを希望していると聞き、日本に来て以来初めて、真の武士道に触れた思いだった」と褒《ほ》め称えた。

しかも、今村は収容所内で、部下たちが日本へ帰国したときの再出発に備えて、学問を教えたりもした。一九五四年出所後、東京・世田谷《せたがや》の自宅の一隅に「謹慎室」を建て、読書と著作に没頭し、一九六八年、八二歳で没した。

この「謹慎伏屋」（山梨県韮崎市に移築されて現存）保存主の中込藤雄《なかごめふじお》氏は、今村について、「大将は『此の若者たちには、何の罪はない。最高指揮官の私の命令に従ったのであり、殺すなら私を殺せ』と訴えつづけ、ついに一六〇人全員の子羊を連れて帰国し、出所後、庭先に三畳小屋を建て、謹慎蟄居、幽閉し、戦犯だった兵の生活を助け、日本再建の方途を思索し、また殉国勇士の慰霊の行脚を続けた」と述べている。

貴重な人材をドブに捨ててしまった日本

海軍出身の井上成美《いのうえしげよし》の名も、忘れてはいけない。

彼は、同じ海軍畑の米内光政《よないみつまさ》（一九四〇年一月から同年七月まで首相）と、連合艦隊司令長官を務め一九四三年四月十八日、ブーゲンビル島上空で撃墜され戦死した山本五十六《やまもといそろく》とともに「海軍三羽ガラス」といわれたほどで、「日独伊三国同盟」に徹頭徹尾反対を唱えた。対米戦争にも終始批判的で、兵学校校長時代は英語教育廃止論をしりぞけ、敗戦前夜は一億玉砕を避けるべく終戦工作に身命を賭した。

戦後は一切身を引き、神奈川県の寒村にて近所の子どもたちに英語を教えながら余生を送り、一切世に出ることなく、一九七五年、八六歳で生涯を閉じた。

その他、戦後の復興に本来なくてはならなかった優れた軍人の名を上げていくと切りがない。

本来なら、彼らの貴重な経験を生かして、政治の場で活用していたら、今日のような「日本」の体《てい》たらくはなかったであろうに、返す返すも惜しいことをしたものである。

「敗戦は亡国とはちがう。古来いくさに勝って国が滅亡した例は少なくない。逆に戦いに敗れて興隆した国がたくさんある」と主張したのは井上成美だが、残念ながら、誰も真剣に耳を傾けようとせず、敗戦後の日本では、こう語った井上すら、隠遁生活を送るなど、日本の社会は、彼らの活躍を封じてしまった。

彼らこそ、負け戦《いくさ》というかけがえのない体験を通して戦後の日本に貢献する何物にも代えがたい貴重な人材だったはずなのに。

惜しいことに、日本は彼らを「犯罪人」として一括《ひとくく》りにし、社会の片隅に追いやり、世捨て人扱いにすることで、言葉は悪いがこのうえない貴重な人材をドブに捨ててしまった。

ドイツは、いかにしてドイツ軍を復活させたか

その点で、日本とドイツは、大きく異なる。何しろ一九五五年の段階で、日本が「自衛隊は軍隊ではない」とごまかしつつ「なし崩し」的に自衛隊を育成しているなかで、すでにドイツ（当時は西ドイツ）は専守防衛のみならず、集団的自衛権までをも手にし、ドイ

ツ軍の創設、いや旧ドイツ軍の復活を実現させたのだから。

ドイツは、日本と同様、完璧なまでに武装解除され、再軍備に関しては、話題にすることすらタブーだった。ましてや国軍を持つことなど論外といわんばかりの状況にあった。

欧州周辺諸国は、第一次と第二次世界大戦のドイツに国土を荒らされた悪夢が頭にこびりついていて、苦い記憶が強烈なだけに、ドイツの再軍備など金輪際まかりならぬというムード一色に染め上げられていたからだ。

そのためドイツを四つに分割し、それぞれ米ソ英仏四カ国の軍隊が駐留して、ドイツが再び軍備に取り掛からないよう、監視すべきという意見で一致していた。

その「ドイツ再軍備まかりならぬ」というムードが、微妙に変化するのは米ソ両国による冷戦が激化してからである。

ベルリン占領区において、米ソ両国の間でベルリンの支配権を巡って対立が生じ、いきなりソ連が、米英仏占領区の西ベルリン封鎖を通告してきたのは一九四八年六月のことでアメリカは直ちに、空輸作戦を展開し、西ベルリン救出に乗り出した。その結果、ソ連は翌一九四九年の五月にベルリン封鎖を解き、当初の緊張は収まった。

とはいえ、いつまた東西ドイツの確執がもとで、火がつくかもしれず、たちまち猛火となって第三次世界大戦勃発に発展するかしれないという状況下で、一九四九年四月、米国と西欧諸国はソ連の先手を打ち、北大西洋条約機構を創設した。米国と西欧諸国が集団で自衛しようというのだ。

同時に、米英仏によるドイツ占領を解き、新たに西ドイツの主権を回復する動きが始まった。西ドイツでは、すでに準備していた基本法（憲法）の最終仕上げを行ない、この年八月十四日、戦後初の総選挙を実施し、保守系のキリスト教民主同盟（CDU）のコンラート・アデナウアーを首相に指名し、ドイツ統一達成までの暫定的な措置として首都をボンにおいた。

アデナウアーの執念と深謀遠慮

一九五〇年に朝鮮戦争が勃発すると、このままではドイツも、朝鮮半島の二の舞になると危惧《きぐ》したアデナウアーは、第二次世界大戦の西部戦線で功績のあった旧ドイツ軍軍人のゲルハルト・フォン・シュベーリンに白羽の矢を立て、アメリカと密接な関係にある諜報組織「ゲーレン機関」（5章参照）と連携し、秘密裡に再軍備の具体化を図るよう指示を出した。

当時は、いかに東西緊迫した状況とはいえ、ドイツの再軍備となると周辺諸国が異常なほどアレルギー反応を起こした時代で、たとえ全体主義の国ソ連による侵略防止といえど、ことはトップシークレットであり、慎重に運ばなければならなかった。

シュベーリンがラジオのインタビューで答えた再軍備についての何気ない発言がアデナウアーの耳に入るや、即刻解任されたのも、それが理由だった。

後任には、アデナウアーの側近政治家テオドール・ブランク議員があてられ、早速ブランクは一九五〇年十月、「ブランク機関」を立ち上げ、活動を開始した。

この「ブランク機関」も「ゲーレン機関」と同様、構成メンバーを占めたのは第一次と第二次世界大戦で戦った旧ドイツ軍の将官たちで、彼らの多くは戦争捕虜として過酷な捕虜生活を送ったのち、釈放され帰還した軍人たちだった。

一九五五年、「ドイツ連邦軍」が創設され、「ブランク機関」は「国防省」に引き継がれ、初代国防大臣にブランクが就任したころは、実に一三〇〇余人を抱える大組織に成長していた。

同年西ドイツはNATOに加盟し、集団的自衛権を獲得している。つまり、「ドイツ連邦軍」は敗戦後一〇年にして、ほぼ完全に立ち直ることを許されたのだ。

NATOに加盟するに当たって、西ドイツは、以下の五項目を基本方針とした。

1．A（核兵器）、B（細菌兵器）、C（化学兵器）製造放棄

2．師団は一二師団のみ
3．兵員は最高五〇万人まで
4．NATO軍との一体化
5．NATOとその戦略下の合意による部隊配置

平たく言えば、ドイツは危険な大量殺戮兵器製造に取り組んではならず、NATO域外の紛争に関わってはならず、ましてや単独行動などもっての外だという、この約束事に同意している。

第一次と第二次世界大戦で、二度と立ち上がれないほどの痛手を被《こうむ》ったドイツ国民である。その国民の目指す新しい軍隊の鉄則は「専守防衛」でなければならなかった。だが同時に西ドイツは東ドイツと対峙《たいじ》し、冷戦の最前線の砦《とりで》として存在することになった。東ドイツの背後にソ連という大国が控えていて、常に彼らの奇襲に備える態勢を整えておかねばならなかったからだ。

西ドイツのNATO加盟は、その防波堤であり、西ドイツは一九五五年という時点で、「専守防衛」と「集団的自衛権」という二つの軍事戦略カードを手にすることができたのだ。

ベトナム戦争におけるドイツ軍の「活躍」

ベトナム戦争の際、「NATO域外に兵士を出すべからず」とあるにもかかわらず、アメリカから、「NATOの加盟国として即刻アメリカに協力すべき」と迫られた西ドイツ政府は、ジレンマに陥り、苦慮の末に「病院船」派遣を決定した。

これなら、どのサイドからも非難は起こるまいというのだ。早速、財源は国とドイツ赤十字社が負担することで、「ヘルゴランド」を病院船に改装し、一五〇床、手術室三ヵ所、内科、産婦人科、レントゲン設備を整え、五四人の医師、一六〇人の看護要員を乗せて送りこんだのである。この病院船は六六年から七二年の間、敵味方の区別なく、負傷兵、ナパーム弾で大火傷した子どもたちを含む一般市民の負傷者など、入院患者一万一〇〇〇人、一般患者約二〇万人の治療に携わった。

噂を聞いたベトナム市民は、病院船が碇を降ろし港へ船をつけるや、待ち構えたように、治療に訪れている。

任務を終えた病院船はその後、ベトナム側に引き取られ、村の病院として利用されることになったが、ドイツ軍＝「悪の権化」の象徴として世界中に喧伝され、周辺諸国からは忌み嫌われ、すっかり地に堕ちてしまったドイツだからこそ、歯を食いしばり、転機を窺《うかが》い、ドイツの名誉と誇りの回復のために絞り出した知恵だったのだ。

ちなみに旧ナチスのイメージを払拭するために「ドイツ連邦軍」と命名したハッソ・フォン・マントイフェルだが、彼も第一次と第二次世界大戦で戦った旧国防軍の装甲兵大将で、戦後、リベラル派政治家に転身し、ドイツ復興のために尽力した一人だった。

ホイジンガー将軍の波瀾万丈の生涯

「ブランク機関」といえば創立者ブランク議員の手足となり、ブランクの重要なブレーンとして「ドイツ連邦軍」創設に心を砕いたアドルフ・ホイジンガー将軍もその一員だった。

ホイジンガーは第一次世界大戦では陸軍少尉として従軍し、一九一七年秋、前線で重傷を負うと同時に、英軍の捕虜となり、一九一九年十二月まで約二年間、イギリスにて戦争捕虜収容所生活を送っている。

釈放後、再び軍隊に戻り、戦後の混乱のなか、敗戦国として屈辱的な仕打ちを受け、戦勝国によるドイツ軍締め付けが日増しに強まるなか、軍の再建に尽力した。そういう意味では根っからの軍人だった。

第二次世界大戦突入のころには、陸軍中将に昇進、やがて一九四二年には最高司令部の参謀部に籍を置き、主として対ソ戦作戦に携わっていた。参謀総長とともに、ヒトラーに戦況報告するのも彼の役目だった。

一九四四年七月二十日、ヒトラー暗殺計画が実行され、失敗に終わったその日、ホイジンガーは、偶然ヒトラーの隣席に座っていた。テーブルの下に仕掛けられた爆弾が炸裂《さくれつ》し、彼は頭と手足を負傷し、病院に運ばれ手当てを受けたが、彼も暗殺計画の仲間と見なされ、秘密警察「ゲシュタポ」に逮捕された。最終的には、証拠不十分で釈放され、危うく連座を免れた。

一九四五年からアメリカの戦争捕虜として四八年までその監視下に置かれたのち釈放されたが、どうやら、「ゲーレン機関」による働きかけがあったらしい。というのも釈放と同時に、「ホルン」という偽名で、工作員＝スパイとして対ソ情報作戦に加わり、ソ連や東ドイツ、東欧諸国の諜報活動に携わったからだ。

その業績を認められた彼は、五二年「ブランク機関」の軍事部門担当責任者としてドイツ軍立て直し作業に専念し、五五年の「ドイツ連邦軍」創設に心を砕いたことは記述したとおりである。

彼はドイツ連邦軍初代総監を務め、六一年から六四年までは、ワシントンにおけるNATO軍事委員会の委員長を務め、一九八二年、八五歳の生涯を閉じた。

一九六三年には、国家のために尽くした人物としてドイツ連邦共和国より、最高功労十字勲章を授与されている。

ホイジンガーに限らず、ドイツ連邦軍復活のエネルギーとは、火の海をくぐりぬけ、九死に一生を得たドイツ軍将校たちの血と汗によって勝ち取られたものだったのだ。

永久に抹殺される危機にあったドイツ軍を再度立ち上げるには、彼らの力が必要だったのであり、その実力を最も理解していたのが国民であり、その国民の声をしっかりと受け止めたのがアデナウアー首相だったのである。

瀬島龍三《せじまりゅうぞう》、疑惑の真相

私が、ホイジンガーとの対比ですぐ思い浮かべたのは、一一年間のシベリア抑留生活の後に帰国した瀬島龍三だった。旧日本軍人の中でも、この人ほど毀誉褒貶《きよほうへん》の相半ばする人物は珍しい。

瀬島が息を引き取ったのは二〇〇七年九月四日、九五歳だった。「瀬島死す!」の訃報が流れるや、中曽根《なかそね》元首相は「戦後日本を築いた偉大な先輩を失い、悲しみでいっぱいだ。行財政改革でお世話になったのみならず、政治、経済、文化、社会、あらゆる面で日本人を指導してくれた」(読売新聞)と述べ、山口信夫《やまぐちのぶお》前日本商工会議所会頭が「明晰《めいせき》な頭脳と明治人の気骨を併せ持つ方だった。戦前、戦後を知る日本人のリーダーの一人を失い、寂しい思いがする」（朝日新聞）と彼の業績を讃えた。

その一方で、

「何もしゃべらずに逝ってしまった。（先の戦争を）自衛のためだったと正当化し続けた。自分の戦争責任に向き合って生きた、とは私には思えない」（魚住昭《うおずみあきら》氏、朝日新聞）

「（二日間で計八時間、瀬島さんを取材したが）最も聞きたかった、大本営参謀とシベリア抑留時代の事は、史実を詳しく話したがらず、最後まで不透明なままだった。肝心な事を聞くと、話を本質からそらす癖があった」（保阪正康《ほさかまさやす》氏、読売新聞）

「終戦前のソ連との交渉に深く関与した人物で、貴重な歴史の証言者。しかし、最後までついに肝心要《かなめ》のことはしゃべってくれなかった。対談などの機会に何度も『話すべきだ』と説得したが、口を開く事はなかった」（半藤一利《はんどうかずとし》氏、読売新聞）

などというコメントも出た。

瀬島には、生涯ついて回った疑惑があり、その疑惑は、「シベリアに抑留された日本兵を瀬島はソ連に売り渡したのではないか」というものだった。彼らのコメントは、その点をついているのだが、これについて、私は大いに疑問を感じたものだった。

というのも、「これは戦争、とりわけ欧米諸国を相手に戦争し、負けたらどうなるか、その実態を知らぬ者の実に無責任極まる発言」でしかないと私には思われてならないからだ。

古今東西を問わず、両手を上げ降参し、頭を垂れたとたん、敗者は勝者の言うがままに絶対服従するしかない。このことは、すでに述べたとおりである。

この瀬島の疑惑に関して、シベリア抑留日本人捕虜向けの共産主義プロパガンダ紙「日本新聞」編集長を務め、旧日本兵の共産化工作とその洗脳教育に携わり、当時の瀬島をよく知るイワン・コワレンコの発言がすべてを語っている。

「停戦交渉があったというのはうそだ。たった一つの問題は関東軍の降伏だった。勝者が敗者に命令を下す場だったんだ」

（共同通信社社会部編『沈黙のファイル』）

当時、日本は、敗戦国だったのである。その国に交渉という権利など、あろうはずがないではないか。したがって、「瀬島という日本の関東軍参謀がソ連軍と交渉し、賠償のかわりに日本兵を労働力として提供するという密約を交わした」などということは、有り得ないのだ。

少しでも国際社会における戦争のイロハを知っている者にすれば、敗戦国に取引する権限があるなど、笑止千万なのである。

戦勝国からすれば、「君、戦争というものを知らないね。顔を洗って一から出直してくることですな」と追い返されてしまうのがおちである。

瀬島はこのことを熟知していたばかりか、自分にまつわる疑惑が、ソ連側が意図して流したまったくの虚報だったことも知っていた。

知人で瀬島と懇意だった同台《どうだい》経済懇話会常任理事・野地二見《のじふたみ》氏によると「（瀬島の捕虜売り渡し話は）ソ連側が収容所で流したデマ工作によるものだった。このことはソ連崩壊後の情報公開で明らかになった」という。

ではなぜこのデマが、これほどにも広く流布され、多くのシベリア抑留者の間に染み込んでいるのか。野地氏は、

「あの極限の生活、生死の境での苦役《くえき》を強制されていた日本兵士たちに『お前たちのこの苦労、この酷い状況は関東軍がお前たちを売ったからだ。天皇陛下を助けるためのバーターでお前たちはここへ連れてこられたのだ』と吹きこむことは、いかにも洗脳をもくろむ共産党の言いそうなセリフだった。

関東軍参謀といえば、大本営から来たという瀬島という名前が知られており、ソ連はそれを利用した。結果、瀬島の所為ということにされて、噂は各収容所に流れていく。そのうちにソ連兵までが関東軍の『セジマ』が約束したのだと言いふらす。そういうことで、いつの間にか、密約の元凶は瀬島にされてしまった」

という。ソ連側が発したデマとも知らずに、いやそういう発想など思いもしない「平和ボケ」丸出しで、瀬島への非難の手を緩めない一部の識者に、「どうせ、何を話しても、君らは自分の思っているように歪曲《わいきょく》して書くだけだから」と、瀬島があえて反論しなかったのは、当然のことである。

真実を語れば虚しくなるばかりで、であれば自らが「胸の奥深くにしまいこみ沈黙」することで、日本人としての誇りを保とうとしたのではなかろうか。だからこそ、この事実を語らず、墓場まで持っていくことにしたのだ。

残念ながら、戦後の日本は、こうして日本の戦後復興のために直接尽力した旧日本軍人に対し、辛く当たり、一種の大衆リンチで制裁を加えようとする例は引きもきらない。典型的なイジメである。

マッカーサーをも感嘆させた今村均をはじめ、草地貞吾、井上成美に限らず、その他、あの第二次世界大戦で戦い、そして負けて生き残った勇将たちが、その命を、戦後復興の貴重な担い手として、第一線とは言わなくても、少なくとも国家の根幹である軍事面で力を貸してくれたとしたら、いやその前に、国民が「あ・うん」の呼吸で彼らを庇《かば》い、温かい慈愛の心で接していたとしたら、今日のように「日本」を見失う結果にはならなかったのではあるまいか。

負け戦を熟知しているだけに、彼らの経験を生かせば、日本にとって大いなる活力になったし、間違いなく日本を、そして日本国民を、本来のあるべき道に導いてくれたろうに。そう思うと残念でならない。

8章　国家の自立、政治家の責任

――なぜ日本は目先しか見えず、国益を失うのか

戦後日本の国家戦略とは

ユダヤのことわざにこんなのがある。

「一つの嘘は嘘である。二つの嘘も嘘である。三つの嘘は政治である」

さらにマキャヴェリの『君主論』には、一つ、「国家が危機に陥った場合政治家は、（国家存続の）目的のために有効ならば、手段を選ぶべきではない」、二つ、「民衆は本性において変わりやすく、民衆に何かを説得するのは簡単だが、説得したままの状態に民衆をつなぎとめておくのがむずかしい。それゆえ、彼らがあなたを信じなくなったときには、力ずくで彼らを信じさせる手段を整えておかなければならない」とある。

前者は最高権力を掌握した権力者の政治哲学であり、後者はその手段についてで、古今東西を問わず、これは権力を掌握した者の心得である。

では、敗戦後の日本とドイツの政治家が示した戦略眼とはどういったものであったろうか。

アメリカは、日本の降伏を受けて、ただちに日本本土を連合国の名において占領するや、ただちに連合国軍最高司令官総司令部（＝ＧＨＱ）を設置し、総司令官にマッカーサーを任命した。

彼は若かりしころ、父が駐日アメリカ合衆国大使館付き武官に任命されるや副官として日本に滞在した。その後、フィリピンに赴任している際も、その間日本をたびたび訪問しており、日本事情に通じていた。そのため、どのようにすれば日本国民を手なずけることができるか、日本統治のコツを心得ていた。

彼の日本統治の三原則は、

1. 国家の元首としての天皇制維持
2. 国家の主権的権利としての戦争放棄
3. 日本の封建制度の廃止

だったが、一方で昭和天皇との会見では、リラックスしている大男のマッカーサーと、緊張して直立不動の小柄な昭和天皇を対比させ、アメリカ占領の何たるかを、日本国民に知らしめている。

また、憲法第九条に戦争放棄を盛り込むことで、二度と日本を軍事的に強い国にしてはならぬという決意を見せた。当初は、紛争解決や自衛のための軍備も許さず、陸海空軍の創設はおろか交戦権も禁止という、こと国家安全保障に関してはアメリカ依存体質を徹底させ日本の国防力＝軍事力を骨抜きにしている。

加えて、日本の伝統の破壊を促進している。昭和天皇の「西洋の思想と習慣を学ぶ」という方針とはいえ、アメリカ人で、クエーカー教徒のヴァイニング夫人を当時の皇太子の家庭教師としてつけたのも一例と見ていい。

そのうえで、民主主義と自由主義の名において、婦人参政権、労働組合結成、司法制度の確立、財閥解体、農地改革、男女共学など、戦後民主主義の基礎を植えつけていった。

一見、悪くなさそうだが、アメリカの都合により、手足をもぎ取られたも同然のなかで始まったのが日本の戦後政治だったのだ。

その政治とは、占領下の日本では無意識のうちにGHQ＝マッカーサー指令は絶対で、これに逆らわないことを念頭におき政治に携わるというものである。

日本人が戦後身につけた生き残りの知恵だった。

安全保障関係はアメリカに一任して、当面、経済繁栄のみにエネルギーを集中させ、経済成長を追求していくという。

多くの優れた旧軍人が戦後、経済界において、戦時中取った杵《きね》づかで、会社という組織を大きく発展させたのも、こうすることでアメリカに気に入られ安心させようと心掛けたからだ。

アメリカに警戒されないためには「政治は三流でも経済は一流」というこのキャッチフ

レーズで、しばらくは我慢しようではないかと。

「経済成長をベースに、官僚と協力して政策をつくり、資金を分配する。米ソ冷戦という国際情勢の下、外交・軍事面は出すぎず、もっぱら国内の経済開発、平和の維持につとめる。つまり、『一億総中流』を生み出した政策と政治である」

（野中尚人「麻生総理と瓦解する自民党体制」「文藝春秋」二〇〇八年十二月号所収）

に集約される日本の戦後政治である。

本来、その経済後退をカバーするのが政治の役割であったはずだ。

だが、戦後平和に浸りきって、わが世の春を謳歌し、危機感知らずで「平和ボケ」の世襲議員オンパレードの政界では、それをクリアーするパワーも、カバーする手立てもない。

拉致問題、竹島問題、東シナ海ガス田問題、北方領土問題など、近隣諸国との摩擦において、何一つ解決のめどが立っていないのがその何よりもの証拠で、致命的なのは、情報戦としての外交、武力戦においての防衛が、いまだ整備されておらず、第二次大戦後の敗戦時と同様の「壊滅」に近い状態に置かれていることだ。

何しろ、日本は今や、三島由紀夫《みしまゆきお》が自決前に自衛隊のバルコニーから飛ばした檄文で、

「戦後の日本が、経済的繁栄にうつつを抜かし、国の大本を忘れ、国民精神を失い、本を正さずして末に走り、その場しのぎと偽善に陥り、自ら魂の空白状態へ落ち込んでゆくのを見た。政治は矛盾の糊塗、自己の保身、権力欲、偽善にのみ捧げられ、国家百年の大計は外国に委ね、敗戦の汚辱は払拭されずにただごまかされ、日本人は自ら日本の歴史と伝統を潰してゆくのを、歯噛みしながら見ていなければならなかった」

と述べたとおりの、悲惨極まりない状況におかれているからだ。

国家意識なくして何のための日本国であろうか。

再軍備における日独の決定的な差

一方、ドイツはどうか。

何しろドイツは、日本と異なり陸続きで他国と隣接しているうえ、第二次大戦敗戦時は、米英仏ソの四カ国によって占領統治され、世界地図からドイツという国は、なくなっていたのだ。

日本が連合国という名のもと、実質アメリカ一カ国に占領統治されたのとわけが違う。当時、ドイツの境遇と比較して、胸を撫《な》で下ろした日本人は少なくなかったに違いない。だが、その安堵感こそ、実は日本にとっては落とし穴となってしまったのだ。

日本が、国家の根幹に当たる情報戦に備える諜報機関と、有事の際の国防力を骨抜きにされたまま今日にいたっても平然としているのと異なり、ドイツは全国土を占領下におかれるという最悪の状態にあったればこそ、その危機感をひしひしと肌で感じ、敗戦直前から、諜報機関と軍事機関の創設に力を注いだ。そのいきさつについては、すでに述べたとおりである。

戦後、西ドイツはドイツ統一達成の念願を込めて、ボンに仮の首都を置き、初代連邦首相にアデナウアーを選出した。一四年の長きにわたって連邦首相を務めたアデナウアーは、この間に、戦後処理と、ドイツの戦後政治体制の道筋をつけた。

一九五〇年六月、朝鮮戦争が勃発するや、アデナウアーの行動は素早かった。先にも述べたとおり、この戦争を「対岸の火事」とせず、ドイツのみならず西側諸国全体の危機として、西側諸国を説得し、来るべきソ連との情報戦に備える名目でドイツ連邦情報局（BND）を創設し、さらに一九五五年にはドイツ連邦軍を創設したうえ、NATOに加盟し、集団的自衛権を獲得した。

朝鮮戦争は、朝鮮半島とは最も近い距離にあった日本にも大きな影響を及ぼした。日本独立の気運が急速に高まり、翌年一九五一年におけるサンフランシスコ講和条約締結につながったからである。

本来なら、日本はこの時期、諜報機関と再軍備を完璧に整備すべきだったのだが、朝鮮戦争特需という好景気にすっかり浮かれてしまい、このチャンスを逃してしまったのだ。「大砲よりバター」というわけである。

以後日本は、「スパイ天国」という不名誉な嘲笑に甘んじ、「自衛隊を軍として認めない」まま、今日にいたっている。

戦後のドイツを方向づけた政治家たち

一方ドイツでは、東独市民が、毎日、ひっきりなしに、西ベルリンへと逃亡していることに危機感を感じた東独政府は、六一年八月十三日、突然「ベルリンの壁」を構築し、東独市民の西ベルリン逃亡を禁じてしまった。

「壁」構築はとりもなおさず、西側にとって東側の情報途絶を意味した。

西ドイツ政府としては、この頑強な「壁」を何としてでも打ち破り、東ドイツの市民に手を差し伸べる必要に迫られた。

ドイツ社会民主党も日本のように万年野党に甘んじることなく「ベルリンの壁」構築後、それまでのイデオロギー中心主義をかなぐり捨てて、現実と向き合った政治、政権担当可能な政党になることを目指し、国民の支持を得ようと方向転換した。

アデナウアーの後を継いだエアハルト政権に代わり、保革大連立（キリスト教民主同盟＋キリスト教社会同盟＋ドイツ社会民主党）のキージンガー政権が成立したのが一九六六年。その後、一九六九年にドイツ社会民主党によるブラント政権が誕生するのは、当然の成り行きだったのだ。

ブラントは、首相に任命されるや、真っ先に東ドイツやソ連をはじめとする共産主義諸国との関係改善を図るために、東ドイツとの国交を樹立し、積極的に東方外交に乗り出した。このことは、最終的には後の東欧革命やドイツ再統一に向けての大きな転機となった。

一方では、この「東方外交」の促進が裏目に出て、ドイツ赤軍など左翼過激派の活動が激化したうえ、東から送られてくるスパイ活動も活発になり、あろうことかブラントの個人秘書の一人が大物スパイであったことが発覚し、ブラントが引責辞任に追いやられたことは、6章に記したとおりである。

東ドイツとの交流を再開し、「東方外交」に寄与したブラントだったが、見事にその好意のウラをかかれてしまったのだ。

ブラントのあと、一九七四年に首相に任命されたのはドイツ社会民主党のシュミットだった。

シュミットは、保守のトップにしてもいいと保守側から惜しまれたほど、現実的政治に徹した政治家だった。ブラント政権では国防相、財務相、そして短期間だったが外相も務めており、国防大臣として初入閣した際は、在任中に兵役義務を一八カ月から一五カ月に短縮すると同時に、ハンブルクとミュンヘンに連邦国防大学を設立している。

そのシュミットだが、第二次世界大戦中、将校として英米連合軍と戦い、敗戦時はイギリス軍の戦争捕虜となっている。解放後は、大学に戻り経済学と政治学を学び、経済学士号を取得。そのころから政治家を志すようになるかたわら、一九五五年にはドイツ連邦軍に入隊し、連邦軍予備役大尉、のち予備役少佐を務めている。

首相就任後のシュミットは、ソ連外交では、ブラントによる親ソ外交とは距離を置き、NATOとワルシャワ条約機構との軍事力不均衡の是正、とりわけ西ドイツをはじめ西側諸国を標的にしたソ連の中距離弾道ミサイル「SS—20」の危険を察知し、ソ連と戦略ミサイル制限交渉を行なった。

同時に、アメリカの「パーシングII」ミサイルの西ドイツ配備にゴーサインを出して

「NATO二重決定」に踏み切った。

しかも、シュミットはアデナウアー政権以後、連綿と続いていた親イスラエル政策を改め、一九七〇年代に発生したオイルショックの教訓をもとに親アラブ諸国政策に切り替えた。一九八一年五月、サウジアラビアを訪問し、西独製戦車「レオパルドII」の売却交渉を成功させている。

「ベルリンの壁」崩壊に立ち会ったコール首相

だがシュミットの政策は、当時連立内閣を組んでいた親イスラエルで知られる自由民主党との関係をこじれさせ、一九八二年、自由民主党が連立の相手を、キリスト教民主同盟・社会同盟に乗り換えたことから、コール政権が誕生する。

コールの首相在任期間は、アデナウアーの一四年を二年上回り、帝政時代のビスマルクと同じ一六年間という長きにわたった。

在任期間中に世紀の出来事「ベルリンの壁」崩壊が発生し、これをドイツ再統一の好機と睨んだコールは、1章で詳細に記述したとおり、欧州諸国、とりわけ英仏両国による「再びドイツは強国として欧州を攪乱《かくらん》するのではないか」という不審を払拭するために、強いマルクに固執するドイツ国民を説得してユーロを導入したり、「壁」崩壊後一年以内にドイツ再統一を果たし、世界史に残る功績を残している。

一九九八年、コール率いるキリスト教民主同盟が総選挙で敗北すると、第一党となったシュレーダー率いる社会民主党が「緑の党」と連立して、政権交替を実現させた。

シュレーダーは、生まれて数週間後に父親が戦死し、未亡人となった母の苦しい家計生活のなかで育ち、アルバイトをしつつ夜学に通うなどし、弁護士の資格を取得した。

過激派学生運動には必ずしも否定的でなく、裁判ではドイツ赤軍の弁護を引き受けたこともある。

二〇〇三年三月に勃発したイラク戦争では、フランスのシラク大統領と歩調をあわせ、国連決議抜きの開戦に反対する立場をとり、イラク派兵を拒絶した。

世界で最も力のある女性、メルケル独首相

さても、最後はメルケル首相に移る。第四〇回G7サミットが二〇一五年六月七日と八日両日、南ドイツミュンヘン近郊エルマウで開催された。ドイツにとっては八年ぶりで、それはいいのだが、今回、前回のサミットと異なっていたことが二点あった。一点はプーチンの参加がなく、旧来どおり米国を中心に親米七カ国、EUの重鎮が仲間入りして、計九人で取り仕切ったこと。二点目は前回ドイツサミットで出席した顔ぶれで、再度登場し

たのはメルケルと安倍両首相のみで、したがって会議の主役は自ずとこの二人が演じることになったこと。

中でもメルケル首相は、二度目のサミット主催国トップ（一度目は二〇〇八年六月のドイツ、ハイリゲンダムにて開催）として、世界一のトップ・レディとしてオバマ大統領をはじめ、世界の名だたるトップ政治家を前に実に手際よくかつ鮮やかに政治術を駆使し、発揮しているのを私など垣間見て、感心して見ていたものだ。

そのメルケルが、ドイツ史上初の女性首相として登場したのは二〇〇五年十一月二十二日のことである。

メルケルは、東独出身、女性、離婚経験者、しかも信仰はカトリックでなくプロテスタントという従来のキリスト教民主同盟党員としては想像もできないハンディキャップを背負いながら、あれよあれよというまに、首相の座を射止めた。

きっかけは、一九九八年の連邦議会選挙で、キリスト教民主同盟が歴史的な大敗を喫したこと。翌年一九九九年に、コール政権時代のヤミ献金が発覚し、キリスト教民主同盟の支持率が急落したことで、メルケルがドイツ有力紙「フランクフルター・アルゲマイネ・ツァイトゥング」にてコール批判を展開し、党員たちにコールと一線を画し、距離を置くよう訴えたことだった。

これが功を奏し、党内の主として若手の議員や一般党員の支持を受けて、党首に選出されたのだ（その後、首相）。

メルケルは元はといえば西ドイツ・ハンブルク生まれ。ところが、牧師である父が、『ベルリンの壁』構築前の東西ドイツ往来が比較的容易であった一九五四年、東ドイツに赴任が決まり、両親とともに東ドイツへ移住することになった。以後一九八九年『ベルリンの壁』崩壊まで東ドイツに住むことになる。成績は優秀で、ギムナジューム（日本では中高一貫校に相当）、全科目の平均評価は一・〇（日本では「オール五」相当）で、卒業後、ライプツィヒ大学に入学、物理学を専攻し、その後、東ベルリン所在「科学アカデミー」に就職し、理論物理学の研究に当たり、一九八六年には博士号を取得し、以後物理学者として分析化学の研究に携わる。夫は量子化学者で、フンボルト大学教授のヨアヒム・ザウアーで、ともに再婚同士のカップルである。

メルケル首相においては、二十世紀後半のドイツ最大課題「ドイツ統一」を達成したコール政権後における国際舞台での目覚ましい活躍を見逃してはならない。かつて彼女はこう発言したことがある。「私は体育の授業の間ずっと飛び込み台の板の上に立っていて、四五分経ってようやく飛び込むタイプの人間です」と。

まさにこの発言を地で行く『急がば回れ』政治術を彼女は、国際社会で発揮してみせたのだ。そのうえ、彼女の母はラテン語と英語の教師だったことや、東ドイツではロシア語が必須で、彼女のロシア語力たるやロシア人が舌を巻くほど堪能だったことで、戦後ナチスのレッテルを貼られ、しかもドイツが統一したことで、疑心暗鬼になって警戒の目を向け続ける国際社会、とりわけ欧州近隣諸国にあって、その誤解を一つずつ丁寧に、しかも根気よくほぐしていった。その甲斐あって、戦後のドイツ政治の伝統とも言うべきフランスとの関係を、引き続きより強化したばかりか、アメリカとの関係も戦略的互恵関係を固持し、協力を惜しまない。

これは東欧諸国、とりわけロシアとの関係についてもそうで、石油や天然資源供給関係、要するに、エネルギーをロシアに依存している現状を踏まえて、「つかず離れず」の関係を維持することに努めている。

というわけで、今やEUサイドにおいても、彼女のゴーサインなくしてEUの政策は滞ってしまうほどで、その存在たるや「大政治家」の風格があると言われている。

メルケルの〝傑作〟、両親子育て休暇手当て

一方、国内政治においてもメルケルの名声は高い。

理由は、かなり思い切った家族制度を導入し、きめの細かいモダンな家族制度促進に手

を貸したこと、これによって女性の社会的地位が一挙に改善されたことだ。
それはなんと言っても、医師で七児の母でもあるウルズラ・フォン・デア・ライエン大臣の功績なくしては考えられない。
彼女は、メルケル首相が背中を押し、二〇〇五年十一月、第一次、続いて第二次メルケル内閣において「家族・高齢者・婦人・青少年」大臣として入閣し、その取り仕切り役として現場で新法律作成の立役者として自ら指揮をとり、従来の子供養育補助金制度を思い切って廃止し、新規の子供手当制度を導入し、今や子供を持つ母親はもちろんのこと父親にも大好評だからだ。
その法律とは、二〇〇七年一月に施行された「両親子育て休暇＋手当て」法で、これまでとは全く異なった大胆かつダイナミックな「子育て法」だということだ。
この法律だが、わかりやすく段階的に説明すると、
一．まずこの休暇は、妊婦＝母親から始まる。母親が産前六週間、産後八週間の休暇を取るのはこれまでどおりで、
二．加えてここに新しく母親に両親休暇として一二カ月。それだけではない。父親にも子育ての権利はある、ということで、父親にその気があるなら、プラス二カ月、つまり両親用休暇として合計一四カ月の休暇が取れる。

三。しかも、この一四カ月にわたる両親休暇には一部給料の支払いが保証されるので、子育て休暇中の生活費＝給料について、心配するに及ばない。安心して父親も休暇を取りなさいというのだ。

両親子育て休暇中における給料支払いだが、一体どのような支払いが行なわれるのか。サラリーで生活する者はまず、税金や年金、失業、健康保険などを差し引いた手取りで給料が各自に渡される。両親子育て休暇を取る者は、休暇中その手取りの六七％を受け取ることができる仕組みになっている。

手取り一〇〇〇ユーロの給料生活者だと、以下月六七〇ユーロ、「子育て休暇手当て」として受け取ることができる。

もっともこれには限度額がある。月額一八〇〇ユーロである。

その一方で女子学生や失業中のシングルマザーなど無収入、もしくは無収入に近い母親には、最低額として、一四カ月にわたって休暇＋月額三〇〇ユーロが支給される。曰《いわ》く、これを称して『両親子育て休暇手当て』という。

これこそまさに、ドイツに女性首相が出現した、その女性首相アンゲラ・メルケルならではの「傑作」だと私は思っている。しかもメルケル首相が女性であることで、ここ一〇年そこそこで、ドイツではあらゆる分野で女性がいきいきとして活躍し、そのためにドイツの世界的評価が上がっているうえ、国全体が活気づいている。そのことを日本人も留意する必要があると私は思う。

いずれにしても、ドイツの政治家に共通していることは、一貫して国のため、国民一人ひとりのために、国内外を問わず、命を賭けて戦う姿勢を崩さないことだ。

そう、「政治家はキツネの狡知とライオンの威を必要とする」（マキャヴェリ「君主論」）からである。

9章　国運を左右するメディアの責任

——なぜドイツは、報道の質に対する要求レベルが高いのか

「騙《だま》すこと」を放棄した日本の誤謬《ごびゅう》

チャーチルの名言に「殺すより盗むがよく、盗むより騙《だま》すがよい」というのがある。

第二次世界大戦に敗北した日本のその後の歩みは、「殺す（戦争）こと」、「盗む（略奪）こと」をきっぱりと拒絶した点では正解だった。

だが「騙すこと」をも放棄してしまったのは、行き過ぎだった。

いまや、近隣諸国はもとより、世界中の国において、「日本ほど与《くみ》しやすい国はない」が定評になってしまったからだ。

いうなれば、マスコミの国家観欠如が日本政治の劣化現象を招いたと見ていいからだ。

しかしそれにしても、何が原因でこのような状況に追い込まれてしまったのだろう。

アメリカによる占領政策の真の狙い

諸悪の根源は、連合国の占領統治にあると私は思っている。

この一件に関しては江藤淳《えとうじゅん》著『忘れたことと忘れさせられたこと』『閉《とざ》された言語空間―占領軍の検閲と戦後日本』に詳述されているので省略するとして、要するに、日本は戦後、アメリカ、ソ連、中国の三カ国、それに朝鮮半島の北朝鮮と韓国を加えた五カ国によるマインドコントロール戦略に見事に引っ掛かり、肝心のこうした占領体質に対し、先頭に立って戦うべきマスコミが、真っ先に「見ざる、聞かざる、言わざる」体質に右へ倣《なら》えをしてしまった。

そういう意味では、彼らマスコミの怠慢によって、連合国の日本マインドコントロール戦略は、戦後六〇年経た今日、ほぼ完成したといっていい。

連合国軍最高司令官総司令部（ＧＨＱ）の総司令官として、一九四五年八月三十日、マッカーサーが厚木《あつぎ》飛行場に降り立ったときに、多くのカメラマンを待機させたのも、九月二日、東京湾に停泊するミズーリ号の甲板上でアメリカ、イギリス、フランス、オランダ、中華民国、カナダ、ソビエト、オーストラリア、ニュージーランドと日本との降伏文書調印式に、世界各国から約一七〇人ものジャーナリストとカメラマンを招待（最上席はアメリカが占める）したのも、九月二十七日、マッカーサーと昭和天皇との会見写真を日本の報道機関に撮影させたのも、すべてはアメリカ中心の占領統治で事を運ぶという宣伝効果を睨《にら》んだもので、真意は、いかにしてアメリカ民主主義を美化し、日本国民に浸透させるかにあった。

アメリカは、①まず日本の従来の制度やシステムがいかにアメリカと比較して立ち遅れているか、封建的か、悪弊であるかを指摘した。

次に②国家の根幹である軍事および警察機構を弱体化し、さらに、③政教分離、財閥解体、農地解放と、あらゆる部門での解体作業を急いだ。そのうえで、④日本の情報機関を破壊し、情報のアメリカ一極化に腐心した。

こうして日本の古来の歴史に則った伝統や慣習を、軍国主義の悪魔的シンボルとして封建的という言葉でひとくくりにし、葬《ほうむ》り去ったのだ。

言い換えれば、日本をいかに骨抜きにして、アメリカ仕込みの占領政策を正当化するか。そのGHQの最も重要な任務が、日本における情報統制と監視にあった。日本軍解体作業が順調に進んでいたとはいえ、いつ占領軍アメリカ兵に刃を向け、反乱が勃発するかしれない。

アメリカが日本のマスコミを威嚇し、記事の掲載を禁止することで、直接、日本国民の目に触れることはなかったが、実は米軍を主とした連合軍四三万人もの混成部隊が日本に密かに上陸し、緊急事態に備え待機していたのだ。

占領軍によってマスコミに課された「検閲」の実態

そのGHQが情報管理で、日本のマスコミを震え上がらせたのが「事前検閲」であり「事後検閲」だった。

これには民間検閲支隊（CCD）（註：秘密情報の取得を使命とし、民間人が新聞、出版物、放送、通信社経由のニュース、映画などの検閲に携わり、総員は一時日本人を含め六〇〇〇人にのぼった）が、大きな役割を果たした。

ちなみに占領軍により制定されたPress Code for Japan「日本新聞遵則／日本出版法」によると、その趣旨はこうだ。

「聯合国軍最高司令官は日本に言論の自由を確立せんが為茲《ここ》に日本出版法を発布す。本出版法は言論を拘束するものに非ず寧《むし》ろ日本の諸刊行物に対し言論の自由に関し其の責任と意義とを育成せんとするを目的とす。特に報道の真実と宣伝の除去とを以て其の趣旨とす。本出版法は啻《ただ》に日本に於ける凡《あら》ゆる新聞の報道論説及び広告のみならず、その他諸般の刊行物にも亦《また》之を適用す。

1、報道は厳に真実に即するを旨とすべし。

2、直接又は間接に公安を害するが如きものは之を掲載すべからず。

3、聯合国に関し虚偽的又は破壊的批評を加ふべからず。

4、聯合国進駐軍に関し破壊的批評を為し又は軍に対し不信又は憤激を招来するが如き記事は一切之を掲載すべからず。

5、聯合軍軍隊の動向に関し、公式に記事解禁とならざる限り之を掲載し又は論議すべからず。
6、報道記事は事実に即して之を掲載し、何等筆者の意見を加ふべからず。
7、報道記事は宣伝の目的を以て之に色彩を施すべからず。
8、宣伝を強化拡大せんが為に報道記事中の些末的事項を強調すべからず。
9、報道記事は関係事項又は細目の省略に依つて之を歪曲すべからず。
10、新聞の編輯に当り、何等かの宣伝方針を確立し、若しくは発展せしめんが為の目的を以て記事を不当に顕著ならしむべからず」
（一九四五年九月二十一日　米国太平洋陸軍総司令部民事検閲部）

具体的な検閲項目は、三〇項目にわたった。
それによると、禁止されたのは、占領軍軍隊や占領軍兵士と日本女性との交渉を含む連合国軍最高司令官（総司令部）に対する批判、戦争犯罪人の正当化および擁護を含む極東国際軍事裁判（東京裁判）に対する批判、日本国憲法をGHQが起草したことや連合国の戦前の政策を含む米ソ英中や連合国に対する批判、朝鮮人や満州における日本人取り扱いに対する批判や、戦争擁護、神国日本、軍国主義、大東亜共栄圏、ナショナリズムの宣伝などで、これが「言論の自由」を標榜する民主主義国アメリカの日本占領の基本的な統治政策の実態だった。

これに違反したとして朝日新聞社は、二日間の業務停止命令を受けている。

屈辱の「日中記者交換協定」

日本人に対するマインドコントロール工作では、ソ連もアメリカに負けてはいなかった。終戦のドサクサに紛れ、ソ連は満州配属の約六〇万人の日本兵士を戦争捕虜として拉致した。

ここでは来《きた》るべき戦争捕虜の日本帰国に備え、意図的に、将校クラスとヒラ兵士との間に溝を作る分断工作が展開され、下級兵士や下士官などを挑発し、将校クラスに敵意を抱かせることで、「革命」や「階級闘争」の思想を植えつけていった。

やがて、一九四七年から日ソ国交が回復する一九五六年にかけて、約四七万三〇〇〇人のシベリア抑留者が日本帰国を許されたが、彼らの多くは、故国日本において、あらゆる階層に深く静かに潜伏し、共産主義浸透活動に携わるよう指示されていた。

東京裁判でA級戦犯として処刑された板垣征四郎《いたがきせいしろう》の子息・板垣正《ただし》氏も、シベリアから一九五〇年に帰国した際、一時共産党に入党したことがあった（間もなく離党）。

一方中国は、より狡猾だった。

毛沢東が天安門《てんあんもん》で中華人民共和国建国宣言をしたのは一九四九年十月一日のことである。直後、毛沢東は、モスクワを訪問し、スターリンと会見している。

翌一九五〇年六月二十五日、朝鮮戦争が勃発したが、その翌月、スターリンの指令によりシベリア抑留生活を五年間送っていた日本人捕虜の一部がソ連から中国に引き渡された。中国側がソ連より引き渡された彼ら日本兵捕虜を戦犯容疑者として、新たに取り調べるというのだ。

その数は撫順《ぶじゅん》戦犯管理所九六九人、太原《たいげん》戦犯管理所一四〇人にのぼった。彼らは以後六年もの間、明日をも知れぬ新たな死の恐怖にさらされつつ、「共産主義思想を身につければ故国の土を踏むことができる」という一心で、身に覚えのない罪まで認め、中国側の巧妙な洗脳術のなすがままにされた。

後に帰国を許された彼らは、一九五七年「中国帰還者連絡会」を結成し、でっち上げ証言をもとに、「南京虐殺」や「三光作戦」など戦時中における「日本軍残虐行為」を、国内はむろん世界中に吹聴して回った。

中国では、撫順《ぶじゅん》の日本兵は拷問を受けることもなかった。そのため彼らは「シベリアでの悲惨な状況と、なぜこうも異なるのか」と戸惑った挙句、最後に、「戦時中の犯罪行為は、それを働いた我々ではなく、日本軍のシステムに問題があった」と考えるにいたった。結果、正真正銘の共産主義者、反日主義者となり、日本での共産化活動に携わるようになったというのだから、中国側の日本兵懐柔策は、ソ連以上に成功したといっていい。

さらに一九六四年には、日中両国の間に「日中記者交換協定」という取り決めが結ばれ、以下三点の遵守が申し合わされた。
①日本政府は中国を敵視してはならない
②米国に追随して「二つの中国」をつくる陰謀を弄しない
③中日両国関係が正常化の方向に発展するのを妨げない
つまり、中国政府（中国共産党）に不利な言動を行なわない、日中関係の妨げになる言動を行なわない、台湾（中華民国）独立を肯定しないことを約束させられたわけである。違反すると、記者は中国国内から追放の憂き目に遭う。

この協定は一九七四年の「日中常駐記者交換に関する覚え書き」に引き継がれ、今も有効で、現在にいたるまで、中国へ不利な記事の報道や対中ＯＤＡに関する報道は自粛されている。

アメリカによる日本人総白痴化計画

というわけで、戦後の日本は、米ソ中による日本マスコミ封じ込め工作にまんまと引っ掛かり、手足をもぎ取られたも同然の状態に置かれてしまった。

そればかりか、アメリカにいたっては、日本に対し密かに「3S政策」を実施していた。

「3S政策」とは、スクリーン（映画）、スポーツ、セックス（性産業）を指し、日本人を映画づけ（ハリウッドへの憧憬）、スポーツづけ（プロ野球などアメリカ産スポーツの導入）、セックスづけ（フリーセックス奨励と過度な性描写）にすることで、日本人の思考能力を単純化、もしくは幼稚化する作戦である。

これにより、アメリカのともすると厳しすぎる「検閲」から結果として日本国民の目をそらせることにも成功した。

「3S政策」に加えて、日本の幼稚化に拍車を掛けたのは、テレビの出現である。

かつて評論家大宅《おおや》壮一《そういち》氏は、当時の皇太子殿下（今上陛下）のご成婚パレードがテレビで中継された一九五九年から、テレビが急激に普及しはじめたことで、日本人の思考パターンに与える影響を憂慮し、「一億総白痴化」という表現で、警鐘を鳴らしたことがある。

半世紀を経た今日、まさにこの警告は図星となってしまった。

繰り返される愚行

そういえば旧《ふる》い例で申し訳ないが、時は二〇〇八年九月二十四日のこと。第九二代内閣総理大臣に麻生太郎氏が就任するやいなや、メディアは政治とは直接関係のない低次元報道で麻生下ろしに躍起になった。

「夜な夜なホテルのバー通い」「漢字の読み間違い」「失言」というマイナスイメージを全国津々浦々に垂れ流し、無能レッテルを貼りまくったうえ、世論調査を実施し、支持率急落を理由に、日本国内を一気に麻生下ろし一色に染め上げてしまった。

これに対し、わが知人の一人は、いつか見た光景とまったく同じだとして、次のようなマスコミ批判を展開した。

「安倍第一次政権の安倍首相のときも同じでしたが、批判ばっかりで何をしているのかを報道しない。最も呆れはてたのは、二〇〇七年七月十七日、赤城《あかぎ》（徳彦《のりひこ》）農林水産大臣（当時）が公務による外遊から帰国した際の記者の質問が、絆創膏《ばんそうこう》に関するものばかりだったことです」

理由はいうまでもない。日本のメディアは戦後の占領政策を引きずっていて、いまだその奴隷根性が抜け切れていないのだ。

歴史には必ず光と影の部分がある。これは古今東西を問わず、否定しようのない事実である。だからといって、いつまでも影の部分ばかりを強調して、謝罪に明け暮れるというのも不条理である。この世に普遍なるものは何一つとしてないからだ。

残念ながら、日本のマスコミは、そのことに気が付いていない。

就任してまもない自国の総理を、なんの結果さえ出ないうちから、目を皿のようにして低レベルの問題を探し出し、ことさら、大きく取り上げスキャンダルに仕立てあげ、早々に失脚させようというのもそうだ。

敗戦国ドイツのマスコミが受けた過酷な干渉

ではドイツのマスコミは、どうだったか。

結論から言うと、ドイツのマスコミは、いかなる、占領国側の締め付けにあっても、決して、魂までも骨抜きにされる意気地なしの奴隷根性にまで堕落することはなかった。

有力紙の政治記者だったラインホールト氏は、私が長年、親しくお付き合いさせていただいた有能な方だったが、生前、こんなことを話してくれた。

「敗戦国になって、当時我々新聞記者は、戦勝国による介入によって、どれだけ惨めな思いをし、屈辱を味わわされたことか。とにかく、何でもかでも、ドイツにとって不利になることとさえ記事にすれば、あちらはご満足で、ご機嫌がいい。

こうなると記者にも誇りというものがありますから、記事の中で、一体どう表現すれば占領国に睨《にら》まれずに済むか、同時に、我々国民、つまりドイツ人に真相を伝えることができるか、苦労しました。

お陰で、そのテクニックにかけては、我々ドイツ人記者たちは、西側世界では、どこの国の新聞記者にも負けないいい記事を書くことができたと思っています。

戦争で負けたから仕方がないと半ば諦め、口には出さなかったものの、心の底では、『今に見ていろ。必ず見返してみせる』と歯を食いしばって、どの国の新聞よりも、プロパガンダなどに毒されない良質の記事を書くことに専念することにしたのです。

この精神は、『ベルリンの壁』が崩壊し、東西ドイツが晴れて統一した後も、脈々と受け継がれています」

何しろルーズベルトの閣僚で財務長官を務めたヘンリー・モーゲンソー（ドイツ系ユダヤ人）は一九四四年九月、敗戦がほぼ確定していたドイツに対する戦後処理に関する一四カ条からなる「モーゲンソー・プラン」の草案づくりを、部下の財務次官ハリー・デクスター・ホワイト（リトアニア系ユダヤ人。当時スターリン＝ソ連側スパイとして暗躍）に命じているが、内容は、ドイツを二度と産業国として復興させないことはもちろんのこと、最後にドイツ民族の絶滅まで容認する一項を明記するシビアなものだった。

さすが最後の一項は行き過ぎだとして、方々から非難の声が起こり、直ちに削除されたが。

いずれにしろ、ドイツは戦勝主要四カ国によって四つに裂かれたうえ、たとえどのような仕打ちにあい、反ドイツ・プロパガンダにさらされようと、ただひたすら頭を垂れて、じっと時がくるまで耐えるしかなかったのだ。

最もチェックが厳しかったのはイギリスで、イギリスにとって何か気に食わない不利な記事をドイツの新聞紙上や、ラジオのニュースで発見すると、直ちに、社や局に電話をかけてきたり、ときに直接足を運んできて抗議したという。

米ソ両国による宣伝合戦とマスコミ操作

その戦後ドイツのメディアの移り変わりは、ドイツの政治事情に従って、三段階に分けられる。

第一段階は、一九四五年から一九四九年までの、米ソ英仏四カ国による分断占領統治の時代。

第二段階は一九四九年から一九九〇年のドイツ統一までの、東西ドイツ分断国家の時代。

そして第三段階は、ドイツ統一以後、今日までである。

第一段階においては、同じ無条件降伏とはいえ、日本とドイツとでは雲泥の差があった。世界最初の被爆国となった日本に対するせめてもの罪滅ぼしかもしれないが、少なくとも、日本に対しては天皇制の維持を許されたし、占領統治とはいえ、アメリカ一国にその権限が委ねられたゆえに分断国家にはならなかった。

一方ドイツは、東部ドイツをソ連に占領されたうえに、西部も戦勝国に分断された挙句、米ソ英仏それぞれに統治を委ね、国家権限のすべてを放棄してしまわねばならなかった。

メディア活動も、日本のように朝日新聞が二日間、発禁になった程度では済まなかった。四カ国による分断統治開始とともに、新聞発行は全面禁止。ラジオ放送局は接収されてしまった。

しかも発禁・解禁は、各占領統治国に、その裁量を一任した。

ドイツ国民の目に触れる新聞は、唯一、占領統治国発行の「ミリタリー新聞」のみだったのだ。

ソ連では、すでに一九四三年、スターリングラードでドイツがソ連に大敗してからというもの、やがて迫り来る東部ドイツ攻略に備え、「週刊ドイツ新聞」を発行し、ついでラジオ局を開設し、ソ連に有利なプロパガンダ報道を繰り返して、心理的にドイツ人の戦闘気分を削《そ》ぐことに努めた。

一方アメリカも、これに対抗して、一九四五年十二月十七日、戦時中ベルリンから全ドイツおよび東欧向けに送信していた戦況報道の根城「ドイツ戦況有線ラジオ局」を接収し、新たに「アメリカ占領地区放送局（ＲＩＡＳ）」とすることで、ソ連および東ドイツに向けプロパガンダ放送を開始している。

基本法で占領国の干渉を取り払ったドイツ

ドイツにおける新聞発行の解禁は、戦前・戦時中、ナチスの迫害に遭った左翼系新聞にあっては早期に実現した。また戦後新規に立ち上げた新聞や出版社のチェックは比較的寛大で、たとえば、「フランクフルト・ルンドシャウ」紙は、敗戦三カ月目（一九四五年八月一日）から発行を許されている。

イギリスやフランスも、アメリカに倣《なら》い、折に触れ発禁を解いていったが、両国ともに事後検閲は厳しく、特に占領国に対する批判は、たとえ些細な事案でもタブーだった。

一方保守層に多くの読者を持つ「フランクフルター」紙は、隣町マインツの新聞と合併したのち、新しく「フランクフルター・アルゲマイネ」と改名し、一九四九年十一月一日、ようやく発禁を解かれた。

その後西ドイツでは、「ドイツ連邦共和国基本法」を制定し、基本権の第五条「表現の自由」第一項に、「何人も、言語、文書および図画をもって、その意見を自由に発表し、および流布する権利、ならびに一般に入手できる情報源から妨げられることなく知る権利を有する。出版の自由ならびに放送および放映の自由は、保障する。検閲は、行なわない」と明記し、それまでの占領国によるメディア制限の干渉を大幅に取り払った。

ドイツのテレビでニュース番組が圧倒的に多い理由

ただし、ここでもこと公共放送に関しては、「非ナチス化」を徹底し、戦前の国家事業としてのナショナリズム的プロパガンダを排除するために、州サイドで運営し管理することとした。つまり国サイドでは一切関与しないことにしたのである。

公共放送で初の第一テレビ「ARD」が開設されたのは、一九五〇年六月。このテレビ局は西ベルリン・アメリカ占領地区放送局「RIAS」と提携し、放送を開始していることとから、表向きは中立という立場をとりながらも、その実、反ソ・反東独プロパガンダに尽力したといわれたものである。

とはいえ、ドイツ第二テレビ「ZDF」に勤めている知人の一人は、こう語る。

『ARD』はどちらかといえば左寄り（社民党系）です。『RIAS』と協力関係にあった理由は、むしろ『ARD』のほうが左寄りということで、東ドイツの情報が得やすかったからだと思います。それも確かな情報で、『RIAS』も、『ARD』の取材力には、一目置いていたからです。

『CNN』だって、かなりアメリカ色というか、アメリカの色眼鏡でニュースを流している。プロパガンダ色が強いから仕方がないにしても、そうなると、最終的には確かな情報が勝ちます。

『ZDF』は『ARD』にさえ飽き足らなくて、今少し、保守系（キリスト教民主同盟・社会同盟）に即したテレビ局開設を要望する声が、国民の側から高まり、一九六三年四月に開設されました。

『ベルリンの壁』が一九六一年八月に構築されて、その後東ドイツからこの『壁』を命がけで越えてくるようになりましたが、彼らに手を貸すために、西ドイツの国民は、東の情報を要求していたうえに、東ドイツの国民にも、いろいろとメッセージを送っていたのです。

東ドイツでは低地のドレスデンを除いて、その他の地域では、西ドイツのテレビを視聴することができたからです。ドイツのテレビで娯楽よりもニュースが圧倒的に多いのは、そのせいです」

二重スパイも厭《いと》わぬジャーナリスト魂

そういえば、私がドイツの地を踏んだのは一九六〇年代の終わりだが、日本ではすでにテレビは一般家庭においてなくてはならぬ情報源として普及していたというのに、ドイツでは、テレビといえば、「ZDF」と「ARD」という公共テレビのみで、午前中は放送されず、午後から始まる番組も深夜十二時には終わってしまった。番組も、ニュースが主で、娯楽番組はほとんど見当たらず、どうしてこうもドイツのテレビは味も素っ気もないのだろうと不思議に思ったものだ。

その謎を解くことになったのは、しばらくして東ドイツから脱出してきたドイツ人ジャーナリストに出会ったときだった。

彼は、「ベルリンの壁」構築前、東ドイツで取材中に拉致され、スパイ罪により四年半の刑を言いわたされた経験を持っていただけに、その証言も真に迫っていた。

「新聞もラジオもテレビも、我々ドイツ国民にとっては、生きる手段なのです。事実、僕は当時労働組合系の記者だったのですが、記事を書くのは二の次で、主として東西ドイツの情報収集に力を入れていました。

一九六一年に『ベルリンの壁』が構築されてからは、その傾向がいっそう強くなってきました。壁の向こうに住んでいる東ドイツ人に手を貸そうとすれば、情報は必要不可欠だったからです。

したがって、新聞記者は記事の行間を、ラジオのアナウンサーは言葉の表現を、テレビのキャスターは、手の上げ下ろしを工夫して、読者や視聴者にそれとなく情報を伝える、そのために我々は情報を収集する。

なぜ、スパイ罪で私が逮捕されたのか。それは、東が私にスパイになれと、暗黙のうちに送ったサインだと思えば合点がいきます。つまり、二重スパイになれという合図です。釈放された後、私は時々西の情報を東に流し、こちらも東ドイツの情報をもらう。つまりギブ・アンド・テイクの関係で、そうすることで、東西ドイツは一体になっていました。つまり、我々ドイツ人は、たとえイデオロギーの相違で国を分断されようと、最終的には、共通の文化、歴史、習慣を持つ一体の民族だということです。そうなのです。たとえ、どのような狡猾なプロパガンダでドイツ人を分断し、ドイツ人の精神を破壊しようとしたとしても、ドイツ人は、民族としての団結を守ってきたということだと思います」

マスコミに対するドイツ人の要求の高さ

その後、新聞では大衆紙「ビルト」が一九五二年六月に刊行を開始した。また、環境問題を主なテーマとし、八〇年には「緑の党」を創設、八三年には、連邦議会に二七人もの議員を送り込むことに成功した「ターゲス」紙が、一九七八年発行を開始している。

週刊誌「シュピーゲル」はイギリス占領期の一九四七年に発刊され、しばらくイギリスの提灯記事を掲載していたが、西ドイツ独立後は、独自の取材術を駆使して、着々と販売部数を拡大していった。

やがて、「ベルリンの壁」が崩壊し、ドイツ統一が達成されてからは、保守系読者を対象にした「フォーカス」が九三年に発行に踏み切り、「シュピーゲル」の良きライバルとして、お互いに内容の向上に努め、覇《は》を競い合っている。

一方、テレビ局においては、ドイツ統一を記念してのミッテラン大統領（仏）とコール首相（独）とのアイデアによって、独・仏共同の衛星放送テレビ局「アルテ」を九二年、ドイツ・オーストリア・スイスのドイツ語圏三国の共同テレビ局「3サット」を九三年、さらに第一（ARD）と第二（ZDF）の公共放送が共同で立ち上げた衛星放送テレビ局「フォーニックス」が九七年と次々に創設され、これまでタブーとされてきた戦後の貴重なドキュメンタリーはもちろんのこと、国際政治についても実に詳細に事実を積み上げたハイクオリティの番組が制作されている。

これはテレビ局に限らない。新聞や雑誌も同様で、いうなればインフォメーションとして、最上の報道を国民に提供しようとする。これこそ報道によるサービス心である。

国民もそういう高度な報道を制作者に要求する。

言い換えれば、国民も半端なものでは満足しないのだ。何がプロパガンダで、何がそうでないかを見分ける才能と言っていいのかもしれない。

それに比べて日本はどうだろう。

日本ではマスコミに対する不信が、日増しに強まり、とりわけ若者たちの間で「新聞離れ」や「テレビ離れ」が加速的に広がりつつあるということだ。

ここ数年、インターネットの普及が急速に進み、世界の情報が一瞬にして入手可能になった。

それに比べて、日本のマスコミは従来のしきたりに胡坐《あぐら》をかいて、一向に改善しようとしない。

このままでは、恐らく日本のマスコミは、やがて消えてなくなるような気がしてならないのは、私だけだろうか。

10章　教育は国家百年の大計

――戦勝国の指示を聞き流した国、真《ま》に受けた国

なぜオバマは南アフリカを訪問したのか

「教育は国家百年の大計」とはよく言ったものである。

この「百年の大計」だが、一歩誤ると、その後の一〇〇年、いや永遠に取り返しのつかないことになる。

教育は、長期的スパンでしか結果＝効果が得られないものの一つで、一〇〇年もの時間を掛けて、骨身を惜しまず、地道に次世代を背負う人間を育成しなければ、国家の存続は危うくなるからだ。

では、その一〇〇年の長期スパンにおいて、歴史と向き合う教育とは、一体どのようなものなのだろう。

そこで即座に思い浮かんだのが、二〇〇九年一月二十日、四七歳の若さで黒人として初めてアメリカ合衆国第四四代大統領に就任したバラク・オバマだった。

オバマの生き様で忘れてならないのは、波乱万丈でありながら、内に秘めた誰にも負けない、どのような環境においても挫《くじ》けない、肌の色を超越した鋼鉄のような強靭《きょうじん》な意志であり、アメリカ開拓精神に則った国を思う心である。

周知のとおり、オバマの心の一部はアフリカにある。直接奴隷と関係なかったものの、黒人を父に持つオバマには、アフリカ系の血が流れているのは間違いのない事実で、それゆえ、彼が大統領就任宣誓の際、「奴隷解放宣言」によって黒人奴隷を解放した第十六代大統領エイブラハム・リンカーンが一八六一年第一期目の就任式で使用した聖書を手に就任式に臨んだというのも理解できる。しかも、偶然とはいえ、まさにオバマはその一〇〇年目に当たる一九六一年に生まれている。

六〇年代といえば、まだアメリカでは黒人差別が珍しくなかった。いたるところで人種差別の撤廃を求めて、黒人をはじめとする有色人種が法律上平等な地位を獲得するため、公民権運動を盛んに起こしていたころだ。その先導者として活躍していたのが黒人のキング牧師だった。彼の圧力で一九六四年には念願の公民権法が制定された。

とはいえ、あれから半世紀余り経た現代でさえ、アメリカ国内における人種差別感情が完全に払拭されたとはいえない。

一九九二年に、オバマがシカゴの弁護士事務所で知り合って結婚したミシェル・ロビンソンの祖先も、農奴だった。人種の壁は彼ら夫婦の肩にのしかかっていたに違いない。でなければ、二〇〇六年、オバマ一家が父の故郷ケニアを訪れるかたわら、南アフリカに足を延ばして、かの悪名高い「ロベン監獄島」を訪ねることなどしなかったろう。

ここは人種隔離政策「アパルトヘイト」に反対してその活動に身を投じ、終身刑の判決を受けたネルソン・マンデラらが服役していた孤島である。

オバマの念頭には、おそらく一九六三年八月二十八日に人種差別撤廃を求める運動の一環として行なわれた「ワシントン行進」があったのではなかろうか。

キング牧師の歴史的名演説と、オバマの就任演説

二〇万人以上が参加した「ワシントン行進」では、キング牧師がリンカーン記念堂の前で、次のような感動的な演説を行なっている。


「私には夢がある。

いつの日かジョージア州の赤土の丘の上で、かつての奴隷の子孫たちとかつての奴隷主の子孫たちとが、共に兄弟愛のテーブルに着くことができるように。

私には夢がある。

いつの日か私の幼い四人の子どもたちが、彼らの肌の色によって評価されるのではなく、彼らの人格の深さによって評価される国に住めることになるように。

私には夢がある。

いつの日か幼い黒人の少年たち、少女たちが、幼い白人の少年たち、少女たちと手をつなぎ、兄弟姉妹として歩けるように」

このキング牧師の遺志を継いでアメリカ合衆国初の黒人大統領に選出されたバラク・オバマは、次のような就任演説を行なった。

「一つ。我々の国の偉大さを再確認するとき、それが決して天から与えられるものでないことを理解する。それは勝ち取らなければならない。

二つ。安全保障と理想のどちらかを選択するというのは偽りだと拒絶する。我々の建国の祖は想像し難いほどの危機のなかで、法の支配と人間の権利を保障する憲章を起草し、何世代にもわたって受け継がれてきた。これらの理念は今も世界を照らしている。

三つ。米国のパッチワークの伝統は強さであり、弱みではない。

四つ。我々の成功を左右する価値観――勤勉、正直さ、勇気、フェアプレー、忍耐、好奇心、忠誠と愛国心――は変わらない。

これらは真実だ。これらは歴史を通じて進歩の静かな力となってきた。求められているのはこれらの真実に立ち返ることだ」

この演説の底に流れているのは他でもない。アメリカ国家存続と繁栄の祈願であり、その国を思う心情として、控えめで抑制の利いた表現ながら、アメリカの全国民に、人種の壁を越え、心を一つにして苦難を克服するために「戦う」決意を促している。

これこそ「アメリカの、アメリカによる、アメリカのための」教育が生み出した次世代を担う若者へのメッセージでなくて何であろう。

アメリカが日本人の教育で成そうとしたこと

そういう観点に立脚して第二次世界大戦後から今にいたる七〇年もの日本の教育界に目を向けると、残念ながら、こうした国を思う心が「育ってこなかった」、いや、「育てようとしなかった」と言わざるをえない。

その原因とは何か。

いうまでもなく戦後、日本が敗戦国となったばかりに、勝者アメリカの白人優位植民地主義の延長線上にある教育方針を受け入れざるをえなかったことだ。

その点では、敗戦国家日本の「教育百年の大計」とは、占領国アメリカによる「教育百年の大計」であって、「いかにアメリカに従順な日本人に作り替えるか」に主眼が置かれた。つまり、かつてアメリカという国が、力によって問答無用で原住民を征服し、成果を挙げた白人優位同化教育、その自信と誇りに満ちた教育を、敗者日本の民に施し、すりこむというわけである。

一方、日本にあっては、敗戦直後の一九四五年のうちに、連合国軍最高司令官総司令部（GHQ）の命令で、文部省が教科書の軍国的表現に墨塗りの指示を出したり、修身、国史、地理の授業を中止したりし、アメリカの意を汲《く》むことに汲々《きゅうきゅう》とした。

そんななか、一九四六年三月、ニューヨーク州教育長官ストッダードを団長とする総勢二七人からなるアメリカ教育使節団が来日した。そして、当時の南原繁《なんばらしげる》東京帝大総長を委員長とする日本側教育家委員会と意見交換したうえで報告書をまとめ、総司令部へ提出した。

その報告書だが、次のような内容からなっていた。

1、旧来の天皇制を中心とした封建制度を廃止し、個人の価値と尊厳とに基礎を置く新教育制度を導入する。

2、国定教科書制度を廃し、子どもの個性や興味を重視する。

3、従来の教員養成制度の不備を是正し、すべての教師に対し専門的な準備再教育を施す。また師範学校を廃し、大学レベルによる教員養成機関に改める。

4、学校制度について男女共学、六・三・三・四制を導入。

5、従来の文部省の中央集権的権限を縮小し、地方分権化を図り、都道府県単位で教育委員会を設置する。かつ教師の権利と自由を拡大する。

よく言えば、キリスト教博愛精神の導入であり、裏を返せば、日本古来の歴史や伝統の全面否定にあった。

天皇陛下の全国巡幸三万三〇〇〇キロ

そういえば、わが家の一家四人が満州から引き揚げ、日本の土を踏んだのは一九四六年の冬だった。引揚げと同時に、私は京都の片田舎の小学校に編入したから、戦後教育の最初の生徒だったはずだ。

当時の授業内容はすっかり忘れてしまったが、ただ、小学校の校庭の片隅に、二宮金次郎《にのみやきんじろう》の石像が立っていて、担任の女性教師から、「どんなに貧しくても、二宮金次郎のように山で木を切り、その木の束を背中に背負い、歩きながら本を読む気概があれば、立派な大人になれる」と教わった記憶がある。

これなど、まだ戦前教育の名残があったのではないかと思う。

一方、昭和天皇の話はタブーだった。授業で初めて担任の先生から昭和天皇の話を聞いたのは、確か小学校六年生のころで、あとにも先にも一回きりだった。

この日、昭和天皇によるお召し列車が私が住んでいた京都府下丹波《たんば》の近くの駅を通過するというので、クラス全員がお見送りに出かけた。当時の私は知る由もなかったが、昭和天皇自らのご意志によって、一九四六年二月から八年半にわたり、行程三万三〇〇〇キロ、総日数一六五日に及んだ全国ご巡幸の一環だった。

当時、宮内大臣の松平慶民《まつだいらよしたみ》、侍従長の大金益次郎《おおがねますじろう》とともに全国巡幸の企画・立案・実施の中心人物として活躍した宮内次官の加藤進《かとうすすむ》氏によると、昭和天皇は、

「この戦争によって祖先からの領土を失い、国民の多くの生命を失い、たいへんな災厄を受けた。

この際、私としては、どうすればいいのかと考え、また退位も考えた。

しかし、よくよく考えた末、この際は、全国を隈《くま》なく歩いて、国民を慰め励まし、また復興のために立ち上がらせるための勇気を与えることが自分の責任と思う。

私としては、このことをどうしてもなるべく早い時期に行いたいと思う。

ついては、宮内官たちは私の健康を心配するだろうが、自分はどんなことになってもやり抜くつもりであるから、健康とか何とかはまったく考えることなくやってほしい。

宮内官はそのことを計画し実行して欲しい」　（加藤進著『昭和の御巡幸』）

と言われたという。加藤氏はついで、次のようなエピソードを紹介している。

「下関《しものせき》巡幸の折など、陛下御巡幸への反対の動きがありましたので、お迎えする民衆の後ろの方で、当時の県知事とともにあたりを見守っておりましたところ、遠くで赤旗を振っていた反対派の組合員が、陛下のお姿を見ているうちに感激してしまったのか、赤旗を振っているのも忘れ、万歳、万歳と叫び出したこともありました。

また中国地方の水島《みずしま》工業に行った折など、組合が奉迎派と反対派に分裂。この時も、あたりを見回していますと、反対派の人間が4～5人、工場の屋根の上からじっと歓迎の様子を見ているのを発見しました。随分、危ないなと思って見ておりますと、陛下が奉迎員の組合委員長と話をしておられる時です。突然、屋根の上に立ち上がり、万歳をしているのです。落ちるのではないかと心配したことを覚えています。

とにかく陛下がお出でになられる工場では、ストライキがことごとく解決していきましたし、これは調べれば分かると思いますが、物資や食糧の生産が、陛下のおいでになるところ、ことごとく向上していくのです」　（加藤進著『聖帝昭和天皇をあおぐ』）

戦後復興を促した天皇と国民の絆《きずな》

世界人類最初の核兵器の被害を被《こうむ》った広島には一九四七年十二月五日、訪問されたが、そこで昭和天皇は、原爆孤児八四名に会われた。

そのときの様子だが、次のようであったという。

「原爆で頭のはげた一人の男の子の頭を抱えるようにして、目頭を押さえられた。周囲の群衆も静まりかえって、すすり泣く。

爆心地『相生橋《あいおいばし》』を通過されて、平和の鐘が鳴る中を元護国神社跡で7万の奉迎を受けられた。

周囲には黒こげの立木、あめのように曲がった鉄骨が残る中で、天皇はマイクで次のように語られた。

『このたびは皆のものの熱心な歓迎を受けてうれしく思ふ。本日は親しく市内の災害地を視察するが、広島市は特別な災害を受けて誠に気の毒に思ふ。広島市民は復興に努力し、世界の平和に貢献せねばならぬ。

ああ広島平和の鐘も鳴りはじめ
　たちなおる見えてうれしかりけり』」

（鈴木正男著『昭和天皇の御巡幸』）

同書には、こんな一文もある。

「この中国地方行幸にお目付役として同行していた占領軍総司令部民政局のケントは、原爆を落とされた広島の地ですら誰一人天皇を恨む者がいないことに、ただただ驚くばかりであった。

もともと天皇制廃止を目論んでいた民政局は、兵庫県で小学生達が禁止されていた日の丸を振ってお出迎えしたのを『指令違反』であるとして、以後の御巡幸中止を命じた。しかし、御巡幸を期待する九州、四国地方からの嘆願や議会決議が相次ぎ、昭和天皇も直接マッカーサーにお話しされた模様で、翌々年に再開が許可された」

今一つ、御巡幸のエピソードを紹介しよう。

「『ヒロヒトのおかげで父親や夫が殺されたんだからね、旅先で石のひとつでも投げられりゃあいいんだ。ヒロヒトが四〇歳を過ぎた猫背の小男ということを日本人に知らしめてやる必要がある。神さまじゃなくて人間だ、ということをね。それが生きた民主主義の教育というものだよ』

昭和二十一年二月、昭和天皇が全国御巡幸を始められた時、占領軍総司令部の高官たちの間では、こんな会話が交わされた。

しかし、その結果は高官達の〝期待〟を裏切るものだった。昭和天皇は沖縄以外の全国を約八年半かけて回られた。行程は三万三千キロ、総日数一六五日。各地で数万の群衆にもみくちゃにされたが、石一つ投げられたことはなかった」

（高橋紘・鈴木邦彦著『天皇家の密使たち――占領と皇室』）

このとき、昭和天皇は、現人神《あらひとがみ》から人間天皇に変わられたのを機に、ただ一人アメリカの占領政策に、それとなく背を向け、ひたすら、日本の復興を祈願され、敗戦とともに虚脱状態に陥っている国民に温かく手を差しのべ「日本の国民よ、夢をもう一度」と激励されたのだ。

その効あって、日本はたちまち奇跡的な復興をとげ、敗戦直後の目をおおわんばかりの荒廃を過去の出来事として片隅に追いやることに成功した。

どこから日本はダメになったのか?

一方、敬愛すべき昭和天皇を中心とした日本国とその国民の一心同体的な絆《きずな》だが、敗戦直後のアメリカによる占領政策の教育効果が深く静かに潜行するとともに、後退していった。精神面での教育がすっぽりと抜け落ちていたばかりに、知らず知らずのうちに日本のメルトダウンが始まっていた。その憂うべき事態を見逃してはならない。

今になって後悔しても後の祭りとしかいいようがないのだが、日本の戦後教育の失敗は、言葉は悪いが、占領国を煙に巻いて、アメリカ民主主義をいかに巧妙に日本古来の教育に取り込み、アメリカ人を欺くかという作業を怠ったことにある。

やりようによっては、少なくとも、従来の日本の伝統や歴史の継承は、あらゆる機会において、あらゆる場面において可能だったはずである。

いや、少なくともアメリカ式教育に、日本古来の教育を嚙み合わせ、融合と共生を図れば、かつて世界に類例のない新しいアジアと欧米混成の教育が生まれ育っていたかもしれない。

残念ながら、戦後の日本の教育界は、単にアメリカ主導の日本手直し教育を鵜呑《うの》みにすることしか考えが及ばなかったのだ。

この日本のアメリカへの迎合ぶりを、ソ連や中国が見逃すはずはない。あの手この手で、教師に特定のイデオロギーを刷り込んでいくのに、そう時間は掛からなかった。

ただでさえ、教師の世界は狭い。世間知らずが多く、閉鎖社会である。一九四七年に発足した「日本教職員組合」は、ソ連、中国の日本教育破壊工作にとって、うってつけの組織だった。

目に見えない敵が教師たちを食い物にすることで、いずれ、日本中を赤色に染め上げてしまう。実に巧妙な日本破壊工作である。

半ば、赤色化した教師たちが、何も知らぬ真っ白でうぶな生徒たちを相手に、毎日たとえ一分でも、教壇で共産主義の理想を語れば、効果は覿面《てきめん》というわけである。

今一つ、教育を単なる消費財の一つとみなし、家庭が、学校が、社会が、子どもに対する人格形成としての場を何一つ提供せず、単に利益追求の手助けをするためにブランド幼稚園入園準備のための塾に始まって、有名・名門校、大企業、高級公務員への進学・就職の競争に打ち勝つことに血道を上げることを教育の最重要目標としてしまった。

「詰め込み」教育や受験地獄を生み出したのもそのせいで、日本は敗戦六十余年このかた、GHQによるアメリカ仕込みの日本弱体化民主主義教育に追従することで、結果、得体のしれない、骨のないなめくじのような日本人の登場を許してしまった。

日本の戦後教育では、アメリカ物質主義に目が眩《くら》み、これを手本として理想化したことで、哲学なき浮薄な根無し草人間の生産に手を貸しただけではない。気骨のある日本人の登板を妨げ、その芽を潰してしまった。

その意味では、「日教組」という砦《とりで》にこもって、化石化したスターリンのイデオロギーにしがみついて、日本の将来を担う真の人材育成を怠った教師の罪は大きい。

ドイツの「教育力」の源泉とは何か

では、ドイツはどうだったのだろう。ドイツの敗戦直後から「統一」までの約半世紀には、筆舌に尽くせない苦難があった。その苦難を克服しドイツ統一への道を切り開いた血を吐くような思いこそ、ドイツの戦後教育の原点だったといっても、決して言いすぎではない。

敗戦によって、ドイツ人のナショナリズムは完璧なまでに打ち砕かれた。ナチズムと混同されるのを恐れるあまり、公にはナショナリズム的発言を極力控えざるを得なかったからだ。

旧連合国、否、どこの国にもある国家意識すら、ナチズムと混同し、ドイツ・ナショナリズムの台頭を押さえつけようとするムードも強かったのだ。その点は、日本とも同じだった。

傷つけられたゲルマンの誇りを、西ドイツ人はまず経済復興に向けた。経済的に戦勝国と肩を並べ、そしていつの日か、東ドイツをソ連の手から奪い返し、ドイツ一国として真の独立を果たしたい！　というのが国民の間の暗黙の合意だった。

ドイツの戦後教育とは、まさにその忍耐強い根性と情熱の育成にあり、ドイツは「教育」を通して、次世代の人材作りに精魂を傾けることにしたのだ。

かつてギムナジウムで歴史の教師を務め、引退後、教会所属の身体障害者施設で、週二回、名誉あるボランティア活動に携わっている友人は、ドイツの戦後教育に関して、次のように説明してくれた。

「ドイツは第二次世界大戦後、丸裸になり、ゼロから出発しなければなりませんでした。ドイツという国がふたたび、世界の強豪の国々と肩を並べ、失った世界の信頼を取り戻すには、何が大切か。それは『教育』です。

ドイツが敗戦時に、戦勝四カ国の助言に耳を貸さず、従来の教育制度を頑《かたく》なに継承したのも、ゲルマン民族の自信と誇りとでもいいましょうか。

一つは、実力主義を導入していることです。資源に乏しいドイツにとって、世界に対して唯一誇ることができる資源は、ドイツ国民の頭脳だからです。ドイツはこの頭脳力を発揮することで、日本同様、アメリカに次ぐ押しも押されぬ経済大国として、国際舞台に復帰することができました。

その実力主義ですが、たとえば、大学入学において入学試験はありません。誰しも気に入った大学で、自分の好きな学部を選択し勉強に励むことができます。ところが、入学したからといって、油断大敵なのです。卒業資格を取るには、卒業試験に合格しなければならず、しかも機会は二度しか与えられません。二度とも不合格であれば、資格取得は諦めるしかないのです」

「もう一つは、小学校入学時から、宗教の授業が義務づけられていることです。生徒はプロテスタントとカトリックとに分かれて授業を受けます。異教徒の生徒で、キリスト教の授業を拒むものは、代わりに倫理の授業を受けます。授業では、正直であれとか、品格を保てとか、正義や勇気や慈愛心をもって人と対峙せよとか、人間の道を習得することに狙いが置かれます。

同時に、自国の歴史や伝統に敬意を表わすとともに、歴史の光と影をも直視させます。そして、その精神力を鍛え、たとえどのような窮地に直面しようとも、狡《ずる》さも弱さも兼ね備えたうえで、個々の人間力を発揮できるよう導くのです。ドイツでは、これは学校に限らず、家庭や社会という場でも、次世代を背負う子どもたちにしっかりと教えこもうとしているのです。

ドイツでは、かつては成人十八歳になりますと、その時点で男子においては徴兵と奉仕活動のどちらかを義務づけていました。もっともこの徴兵制度は、二〇一一年七月四日〝廃止〟ではなくて〝中止〟になりました。これも日本だと、例の安保法制ではないですが、直ちに、戦争に結びつけてヒステリックに反対を叫ぶのだろうと思いますが、ドイツではある意味で危機管理能力養成面で、人間教育の一環として、私でなくても、多くのドイツ国民は納得していますﾞ」

実直なまでに正直で勤勉で、ウラを読み取ることが苦手な日本人、海に囲まれた島国と陸続きのドイツ、黄色人種と白人、その歴史や文化の違いもあろうが、少なくとも、日本もドイツの戦後教育のように「気迫」と「根性」で、次世代育成教育に携わっていたら、かくも今日のような日本の教育の落ち込みはなかったろう。

そう思うと残念でならない。

終章　独自の憲法を持つ国・持たぬ国

——なぜ日本は、国家の芯を抜かれてしまったのか

明治憲法制定への道のり

大政奉還によって、江戸幕府最後の第十五代将軍徳川慶喜《とくがわよしのぶ》が、明治天皇に統治権の返上を申し出たのは、慶応三年十月十四日、西暦では一八六七年十一月九日のことだった。

明治新政府は、欧米列強による植民地化を避けるために、実に大胆な改革を断行してみせた。

その改革の総仕上げが、大日本帝国憲法（明治憲法）制定だったことは言うまでもない。明治憲法は一八八九年（明治二十二年）に発布、翌年一八九〇年（明治二十三年）に施行された。

言うまでもなく、お手本は西欧にあった。

明治憲法を起草した伊藤博文《いとうひろぶみ》は、一八八二年（明治十五年）三月、ヨーロッパへ旅立ち、当時オーストリアのウィーン大学で教鞭をとっていたドイツ憲法学の権威ローレンツ・フォン・シュタイン博士に師事している。

明治政府は天皇の主権を最重点としており、その点では、君主に強い権限を委ねているプロイセンは日本にとって、最もお手本としやすいと判断したからだ。

ちなみに、その憲法は立憲君主制に最も忠実で、その制定には鉄血宰相という異名をもったビスマルクが采配《さいはい》を振るい、一八七一年、明治憲法発布より一八年前に制定された憲法で、「ビスマルク憲法」とも呼ばれた。

ビスマルクは「愚者は経験に学び、賢者は歴史に学ぶ」という名言を残しているように、「プロイセン憲法」起草にあっては、ドイツの歴史と伝統にのっとって綿密に分析し、その特徴を巧妙に盛り込んだと言われる。ビスマルクに心酔する後継者シュタイン博士も、「憲法はその国の歴史・伝統・文化に立脚したものでなければならない。一国の憲法を制定しようというからには、まずその国の歴史を勉強せよ」と説き、これに伊藤はいたく共鳴している。

帰国後、大日本帝国憲法の起草・制定に中心的な役割を果たすに当たって、早速政府の法律顧問にドイツ人のロエスラーや、法律学者でありかつ名判事としてその名を馳せたモッセを招聘《しょうへい》し、彼らのアドバイスを受けつつ起草作業を急いだ。

世界が高く評価した明治憲法

その大日本帝国憲法だが、七章七六条からなり、特徴は、次のような点にあった。

1、国としての誇りと自信を窺《うかが》わせる完璧な国家法であり、後世、内外の政治リーダーや憲法学者が、この憲法を称し「日本の伝統と西洋の理念を実にうまくかみ合わせ工夫した調和の取れた憲法」として、高く評価した。
2、アジアにおいては初の近代憲法として、国際社会から賞賛されたばかりか、アジア諸国からも注目の的になった。
3、日本にとっては、一九四五年、日本が第二次世界大戦で敗北するまで約半世紀、日本の発展に寄与し「良き時代」としてその実力を遺憾なく発揮することになった。

その明治政府の当面の課題は、江戸時代末期の一八五八年（安政五年）に強要され、やむなく締結した不平等条約の撤廃にあった。

何度も、条約改正を迫ったが、何しろ相手は、軍事力にものをいわせ、力ずくで植民地獲得に狂奔してきた列強諸国である。彼らは弱小国日本を見くびって相手にしようとしない。

列強諸国がしぶしぶながら、件《くだん》の不平等条約改正に真剣に対峙するようになるには、日清、日露の二つの戦争の勝利を待たなくてはならなかった。

その後一九一一年、日本は、米国との間で、新たな関税自主権を盛り込んだ日米通商航海条約を調印した。

だが、日清戦争における日本の勝利は、中国にとって不幸な事態を招いてしまった。これを契機に、列強諸国は、中国を植民地の草刈場にしようと狙いを定めたからだ。

一方で日露戦争における日本の勝利は、世界史的にみて大きなターニングポイントとなった。有色人種の小国・日本の勝利は、白人に食い荒らされ、奴隷的待遇に甘んじてきた有色人種国家や、周辺アジア諸国に「未来への限りない希望」を提供することになった。

しかも第一次世界大戦後には、ヴェルサイユ体制でドイツが列強国に苛《いじ》めぬかれているのを尻目に、日本は一九二〇年（大正九年）の国際連盟設立において常任理事国の一つとなり、押しも押されもせぬ強国となってしまった。

日本は、はたして独立国か

その日本が、米英ソをはじめとする連合国に袋叩きに遭ったのが第二次世界大戦だった。

この敗戦によって日本はアメリカの占領下に置かれ、アメリカは、勝者＝征服者として思うままに対日占領政策を押し付けてきた。

国家の根幹「憲法」はその象徴だった。

表向きは、ソフトで美しい「平和憲法」であり「民主憲法」だったが、その実、真の狙いがアメリカの日本植民地化にあったことは明白だったからだ。

当時、極東国際軍事裁判（東京裁判）に判事として参加し、「米国による原爆投下こそ、国家による非戦闘員の生命財産の無差別破壊としてナチスによるホロコーストに肩を並べる唯一の犯罪である」と痛烈に批判し、A級戦犯に対し全員無罪の意見書を作成したインドのパール博士が、その事実を鋭く指摘している。

パール博士の独立国の定義とは、

1、国家の基本法である憲法は自分たちの手で書く。
2、自国の国土（領土）は自分たちが守る。
3、国家の祭祀・信仰は何人からも干渉を受けない。
4、子弟に対する教育も同様に、他国からの干渉を排除して、自分たちの意志に基づく。

であり、「この条件を満たしていない日本は真の独立国とはいえない」というのである。事実、日本は戦後、アメリカに次ぐ経済大国として見事に復興を果たしたが、安全保障と教育面ではアメリカに首根っこをつかまれたも同然の状態に置かれた。これは隠しようもない事実である。

その理由について、かつて自然科学、とりわけ物理部門で活躍していたドイツ人X氏が次のように分析してくれた。

「日本は世界で初めて広島と長崎に原爆を投下された。人類最初の原爆犠牲となったショックは甚大です。そのトラウマから解放されないまま、今日にいたっている。その気持ちはわからないではありません。

しかも、核兵器開発のルーツはドイツです。そのドイツと日本は枢軸国でした。核開発のルーツがドイツであると百も承知で、ドイツの『枢軸国』日本にあてつけるように原爆を投下してみせるアメリカの意地の悪さというか、狡猾さとでもいいますか。

戦後の日本が、無意識にドイツとの接触を避けたのもわからないではない。というよりもむしろ、アメリカは、恣意的に日本がドイツを遠ざけるよう仕向け、両国における情報交換断絶という妨害工作を画策しています。

戦後、日本の情報が圧倒的に『メイド・イン・アメリカ』や欧州だと『メイド・イン・イングランド』で占められているのがその何よりもの証拠です。

きわめて巧妙な日独離間工作ですが、日本側はこれを察知しつつも、あえて抵抗するような真似はしていない。どうやら日本はアメリカのあの原爆シンドロームで、身をすくめてしまった。白人国家の狡猾な残酷さを日本人に正しく告げなかったという点で、ドイツ人にもその罪の一端はあります」

いずれにしろ、二個の対日原爆投下効果は計り知れなかった。当時アメリカは世界で唯一の原爆保有国として、第二次世界大戦一人勝ち政策を悠然と進めることが可能になったからだ。

とりわけ日本は、あたかもアメリカの操り人形のごとく、アメリカにへつらい、その威を借りて幅を利《き》かす悪弊がはびこるにいたった。結果、戦前とは異なり、リーダーなき茶坊主国家と化してしまった。

アメリカに運ばれた貨車三〇〇両分を上回る資材

一方ドイツは戦争に敗れたとはいえ、アメリカをはじめ戦勝国に屈しようとしなかった。

ドイツは戦いに慣れた国である。戦いに次ぐ戦いで、勝ったり負けたり、その都度取ったり取られたりの繰り返しの歴史に対峙してきたドイツである。そう、失ったものは、いずれスキを見て取り返せばいい。だから、戦勝国の〝略奪〟行為にもいちいち動揺することはないと……。

ドイツの敗戦で、戦勝国が真っ先に狙いをつけ、血眼《ちまなこ》になったのはロケット技術だった。当時のロケットのパイオニアといえば、世界でもドイツのヴェルナー・フォン・ブラウン博士と、ソ連のセルゲイ・コロリョフ二人しかいなかった。

ところが、コロリョフにあっては、一九三七年のスターリン大粛清の嵐に巻き込まれ、懲役一〇年の刑を受けシベリアへ送られた。ところが、その後、国策としてソ連がロケット開発に乗り出すことになり突如釈放され、この分野の第一人者として研究開発にとりくむことになった。

その間にドイツのブラウンらロケット開発研究学者チームは、陸軍兵器局の液体燃料ロケット研究所で研究を続ける機会を与えられ、一九三四年十二月、エタノールと液体酸素を推進剤とする小型のA2ロケット（質量五〇〇キロ）の飛行実験に成功し、その二年後の一九三六年にはA2ロケット開発計画を終了し、新たにA3とA4の開発に着手していた。

彼らの背後でなにくれとなくバックアップし、資金並びに軍事面で支援したのが陸軍大尉ヴァルター・ドルンベルガーだった。彼はブラウン・チーム設計のロケットが兵器に転用できる可能性に着目するや、開発チームを密かにベルリン近郊の陸軍兵器実験場からドイツ北部バルト海沿岸のウーゼドム島に移した。

さらに、改良されたロケットV2（＝長射程弾道ミサイル）に関しては、ドイツ中部の岩塩採掘抗を利用した工場で製造され、一九四四年九月七日には、ロンドンやベルギーのアントワープなどヨーロッパ西部に発射され、連合国の関心の的になっていた。

もっとも、このころには、ブラウンとそのチームはドイツの敗戦を予測し、ロケット研究の継続のため、密かに引き受け先と亡命先の検討に入っている。

まず英国だが、この国は、第一次大戦からのドイツの勃興に対する警戒から、ドイツを窮地に追いやろうとした元凶としての怨念がドイツ人の記憶にあり、はずされた。フランスは第二次大戦のドイツに対する恨みから、その報復で彼らを奴隷のように扱うだろうと、これもはずした。資金力においても、両国は戦争で疲弊しきっており、問題外だった。ソ連は、スターリンの恐怖政治を嫌って敬遠した。となれば残るはアメリカしかない。

幸い、ブラウンの兄は三〇年代、アメリカに留学した親米派だった。

その影響を受けたブラウンは、最終的に亡命先を米国と決め、南ドイツ駐留の米軍と接触をはかった。

交渉の条件は、開発したブラウン・チームのノウハウをすべてアメリカに引き渡すかわりに、今後の宇宙開発に尽力するため、開発に携わったできるだけ多くの科学者および軍関係者をも引き受けてもらうというものだった。

一も二もなく了承したアメリカは直ちに米軍をロケット製造現場に送りこみ、施設を解体し、抜け殻となった施設を跡形もなく破壊したうえで、解体した資材を船で本国へ搬送している。

ちなみに、このとき米軍が施設から運び出した部品は貨車三〇〇両分を軽く上回ったといわれている。

「頭脳賠償」という敗戦賠償のかたち

一方ブラウン・チームは、一九四五年九月十六日、ブラウン博士を筆頭に七人が米軍と年間雇用契約を交わしたのち、第一陣としてまず八〇人のロケット開発科学者がボストン港に到着している。

その後も第二陣は四五人、第三陣は一一〇人とつづき、最終的には総計約五〇〇人もの科学者および技術者がアメリカへと旅立った。その多くは米国籍を取得し、戦後のロケット開発に貢献した。

一九五八年十月、アメリカ国立航空宇宙局（＝NASA）設立においては、マーシャル宇宙センター初代所長にブラウン博士が就任し、つい最近二〇〇九年二月、九六歳の生涯を閉じたドルンベルガーも要職に就いている。

とはいえ、ドイツ側ではこのことを、今も「敗戦による一種の『頭脳賠償』」との見解を持ちつづけているし、戦時中のドイツ国内におけるロケット開発にあっては、約二万人もの戦争捕虜（多くはフランスとソ連の戦争捕虜）が狩り出され、そのうちの多数が死亡したという事実を知りながら、沈黙しつづけたアメリカのエゴも見逃してはならない。

一方、一歩アメリカに立ち遅れたソ連だが、その後、ドイツのロケット・ノウハウ情報を耳に入れるや、コロリョフ自ら、ドイツへ飛び情報収集に当たっている。

だが、時すでに遅し！

すでにブラウン博士をはじめ大物科学者や技師はアメリカに亡命したあとで、もぬけの殻だった。

とりあえず、一九四六年、生産部門の中級クラス技師約五〇〇〇人（当時ソ連占領区＝旧東独地区に住んでいた）のソ連強制移住を命令し、ロケット製造に当たらせた。

その一人がこう語る。

「朝五時ごろ、いきなり、ソ連兵がわが家にやってきて、我々一家に、強制移住を命じました。少し時間をくれといい、大事なものだけ取りまとめ、そのまま列車に乗せられ、ソ連領内へ参りました。一体どうなることかと案じていたのですが、何とたくさんの顔見知りの仲間や同僚がいて、ほっとしたものです。到着後も、かなりいい住まいを与えられ、待遇も良かったと思います」

そこで、二年くらいロケット製造に携わり、その後、彼らは旧東独への帰国を許されている。

なぜ、ドイツは独自に憲法を制定できたのか

このような戦勝国の身勝手さを、ドイツ人は知りつくしていた。ウラを返せば、ドイツ人はその彼らの狡猾さ、同時にその弱みをしっかり握り見抜いたことになる。

西ドイツが新しく「ドイツ連邦共和国」としてスタートする段階で、占領国との間で憲法論議が浮上した際、ドイツが彼ら戦勝国の介入を許さなかった理由はここにある。

当時の事情を知る連邦議員の一人は、こう語ってくれたものだ。

「基本法の成立の過程で、占領国から話が違うと、たびたび注文やら指示やら苦情が持ち込まれ、嫌がらせのオンパレードでした。

まるで口うるさい小姑《こじゅうと》みたいでした。

その都度、ドイツ人は、『過去の歴史と伝統にのっとるだけでなく、ナチスの反省を踏まえ、世界の誰からも文句を言われない我々の国家法を制定しようとしているのです、黙って見ていてください』と反駁する。これでは、あちらも口の挟みようがない。最終的にはしぶしぶですが、了解してくれました」

第一ステップは、ロンドン会議だった。

ロンドン会議は、米英仏の三国、これにドイツと国境を接するベネルクス三国（オランダ、ベルギー、ルクセンブルク）が加わり、一九四八年二月から六月まで開催され、西ドイツ地域にのみ適用する新憲法制定のロンドン協定が締結された。

この合意に従い、西ドイツでは一一州の各州の首相や州代表がフランクフルトに結集して憲法の骨子をまとめ、さらにコブレンツで決議を行ない、最終的に八月二十三日、ミュンヘンの近くのヘレンキムゼー湖畔に集結して、新憲法「ヘレンキムゼー草案」を起草した。その後各州の首相が署名し、翌年一九四九年、「ドイツ連邦共和国基本法（ボン基本法）」の制定に漕ぎ着けた。

ちなみにドイツには、過去、パウロ教会憲法（一八四八年制定）、ビスマルク憲法（一八七一年制定)、ヴァイマール憲法(一九一九年制定)があり、西ドイツではこれらの憲法を精密に分析したうえで、東西ドイツ統一までの仮の名称として「基本法」と命名し、東ドイツとの統一後に、改めて「憲法」を定めるとした。

とはいえ、一九九〇年の東西統一後も、そのまま「基本法」の名称を継承し、今日にいたっていることも付記しなければなるまい。

改正を繰り返すドイツ「基本法」

その「基本法」だが、めまぐるしく変化する国際情勢に素早く対応するためにも、改正にはきわめて柔軟な姿勢をとるのが、日本との大きな違いである。

第一回改正は一九五一年八月三十日で、基本法制定二年目にして、早くも第一回目の改正に着手している。

第四回改正(一九五四年三月二十六日)では、第79条[基本法の改正]にて、連邦議会議員の三分の二および連邦参議院の表決数の三分の二の賛成により、基本法の改正を可能にした。

以下、主な改正の流れを列記してみよう。

＊第七回改正（一九五六年三月十九日）

西ドイツが一九五五年に再軍備に着手し、同時に北大西洋条約機構（＝ＮＡＴＯ）に加盟するに当たって、第12条ａにて、

（１）男子に対しては、満18歳から軍隊、連邦国境警備隊または民間防衛団における役務を義務として課すことができる。

（２）非軍事的衛生施設および治療施設ならびに場所を固定した衛戍病院における非軍事的役務給付の需要を志願に基づいて満たすことができないときは、満18歳から満55歳までの女子を、法律によってまたは法律の根拠に基づいて、この種の役務給付のために徴用することができる。女子は、いかなる場合にも武器をもってする役務に従事してはならないこと。

を追記し、同時に第87条ａにおいて軍隊の設置とその具体的な事項を明記している。

＊第一四回改正（一九六五年七月三十日）

一九六一年の東ドイツの「ベルリンの壁」構築により東西の緊張が高まるにつれ、東西国境守備のいっそうの強化のために、第１２０条ａにて西側占領軍の占領費および非常事態における負担を明記。

＊第一七回改正（一九六九年六月二十四日）
一九六八年、キリスト教民主同盟・社会同盟（保守）と社会民主党（革新）の二大政党連立政権樹立によって一挙に基本法の最重要部分である第115条を大幅に変更し、第115条aから同1まで「非常事態法」として盛り込んで、体制強化を図った。

＊第二七回改正（一九七〇年七月三十一日）
第38条（2）において、一八歳を成年と認め、選挙権の行使を明記。

＊第三一回改正（一九七二年七月二十八日）
第35条［司法共助および職務共助、災害救助］（2）において、警察の手に余る災害救助や非常事態の際、警察が国境警備隊の支援を要請できると明記。

＊第三六回改正（一九九〇年八月三十一日～九月二十三日）
「ベルリンの壁」崩壊で、東西ドイツ統一を目前に、基本法を全面的に見直し、主だった条文の改正および削除に着手。加えて、最終条項の第146条にて、ドイツの統一達成と

その規定を明記。

＊第三八回改正（一九九二年十二月二十一日）

従来の第23条〔基本法の提供範囲〕をすべて削除。代わりに〔欧州連合〕を盛り込み、ドイツは欧州連合の一員であり、その欧州連合に協力し行動すると明記。

＊第四二回改正（一九九四年十月二十七日）

地球と自然環境保護の面から第20条aにて〔自然的な生活基盤〕を明記したうえ、憲法裁判所がドイツ連邦軍のＮＡＴＯ域外派兵を合憲と判断した。ドイツの戦後にとって注目すべき年となった。

＊第四四回改正（一九九七年十月二十四日）

第六条〔婚姻及び家族の保護〕を〔婚姻、家族、母および子どもの保護〕と変更し、非婚者の子どもの権利の保障と拡張を明記。

今の日本人に求められているものとは

特にドイツは日本と異なり、東西分断国家として、冷戦の最前線となって同民族同士がにらみ合い、一触即発というきわめて危険な状況におかれていた。

二度とドイツを強国にしてはならぬという狡猾な占領政策によって、ドイツ民族同士が敵味方に分けられ、互いに骨肉の争いでエネルギーを消耗させる。こうして戦勝国は狡猾にも、ゲルマン民族を引き裂き、力の分散を図った。このことは繰り返し既述したとおりである。

ドイツはその意図を見抜きながらも知らぬふりをして、地道に忍耐強く信頼を回復していった。ナチスの統治という忌まわしい過去を背負いながらも、逃げず隠れず、そして恐れずにあらゆる困難と真正面から体当たりでぶつかっていった。そしてそのことを次世代に伝え、かつ彼らに積極的に手を貸し、有能な人材を発掘しドイツの将来を担うリーダーを育成しようとしたのだ。

底流には、国を愛する心がある。大人たち一人一人がリーダーとして自ら厳しく律し、次世代を背負う子や孫の範となって、愛情を注ぎ込む。その役目が終わったと思ったところで、潔く身を引き、静かに去ってゆく。

これこそ、ドイツ民族、否ゲルマン民族のプライドでなくて何であろう。

そのドイツ民族のプライドとは、日本国民が戦後すっかり忘れさり、失ってしまった明治の魂、「教育勅語」の精神と一枚岩にある。そのことを忘れてはならない。

今こそ、この教えを、一人でも多くの日本の若者たちが血肉とし、心身ともに鍛えることで、将来の日本を築きあげてみせるという、その決意が求められている。

あとがき

安倍《あべ》内閣において、長期政権維持を保証する政権基盤がいよいよ現実味を帯びてきた。理由はいうまでもない。もっか、安倍晋三《しんぞう》という人物に日本の政治を託さなければ、日本は衰退する。そのことに日本人が気付き始めたからだ。その安倍首相の凄《すご》いところは「地球儀外交」という武器を手に、国際舞台に躍りでて、海千山千のベテラン大物政治家を相手に、ひるむことなく、これまで「臆病日本」と侮《あなど》られ嘲笑《ちょうしょう》されてきた日本マイナスイメージを吹き飛ばす大胆不敵な外交で世界をあっと言わせていること！

これに当惑し狼狽《ろうばい》したのはいうまでもない近隣諸国中韓両国だ。さっそく、これまで以上に日本嫌がらせとイジメに拍車をかけ、安倍首相をして「危険極まりないリビジョニスト」なるレッテルを貼り、「アベはニホンを再び軍国拡大主義国に仕立てる」などと喧伝《けんでん》し、世界各地に日本警戒論を定着させる工作に狂奔《きょうほん》してきた。

世界の主なメディアに接触し、「日本マイナス＝反日論」を吹き込む手口もそう。

ところが、最近になって、国際世論による日本タタキがなりを潜《ひそ》め始めた。代わりに日本の真価を再発見した日本賛美論が頻繁《ひんぱん》に登場し、ドイツの一般市民の多くも、そうした日本の新しい動きを温かいまなざしで見て歓迎している。

というわけで、今回、大幅に書き直した『大計なき国家・日本の末路』の改訂版を上梓することとした。

というのも、『大計なき国家・日本の末路』が上梓されたのは、二〇〇九年九月十五日のことで、偶然とはいえ、翌日九月十六日、民主党政権が誕生し、第九十三代内閣総理大臣に鳩山由紀夫《はとやまゆきお》が就任したことで、当時、これこそ「日本の末路」でなくて何であろうと、その内容たるやかなり日本に手厳しかったからだ。

読者の方々には、拙著＝改訂版において、そのような事情を多少なりとも汲《く》み取っていただければ、こんなに嬉しいことはない。

なお拙著改訂版上梓にあっては、貴重な助言を頂いたうえ、何かとお世話になりました祥伝社書籍出版部に厚くお礼を申し上げます。

クライン孝子

参考文献

＊Thomas Powers “Heisenbergs Krieg” Hoffmann und Campe 1993

＊Terry White “Eliteverbäende der Welt” Motorbuch Verlag 1998

＊Helmut Kohl “Erinnerungen 1982-1990” Droemer 2005

＊Simon Sebag Montefiore “Der junge Starlim” Fiscger 2008

＊Nikolai Tolstoi “Die Verratenen von Yalta” Langen Müller 1977

＊Tim Weiner “CIA” Fischer 2009

＊Reinhard Gehlen “Der Dienst” Hase & Koehler Verlag 1971

＊Jacqueline Boysen “Angela Merkel” Ullstein 2001

＊Werner Filmer / Heribert Schwam “Hans-Dietrich Genscher” Econ Verlag 1988

＊James V. Compton “Hitler und die USA” Stalling 1967

＊Andre Uzulis “Dei Bundesweha” Mittler & Sohn 2005

＊Klaus Kastner “Dei Völker Klagen an Der Nürnberger Prozess 1945-1946” Primus Verlag 2005

＊Werner Maser "Nürnberg Tribunal der Sieger" Edition Antaios 2005
＊Mit einem Vorwort v J.Friedrich "Das Urteil von Nürnberg" DTV 2005
＊Hildegard Fritzsche "Vor dem Tribunal der Sieger" Verlag Schutz KG 1981
＊Annette Weinke "Dei Nürnberger Prozesse" C.H.Beck 2006
＊Hans Bernhardt "Deutschland im Kreuzfeuer Grosser Mächte" Verlag K.W.Schütz 1988
＊Peter Scholl-Latour "Der Weg in den neuen Kalten Krieg" Propyläen 2008
＊Peter Scholl-Latour "Zwischen den Fronten" Ullstein 2008
＊Guido Knopp "Holokaust" C.Bertelsmann 2000
＊Norman G. Finkelstein "Die Holokaust Industrie" Piper 2001
＊Reinhard Müller "Die Akte Wehner Moskau 1937 bis 1941" Rowohlt 1993
＊Karl Wilhelm Fricke "Politischer Stravvollzug in der DDR" Verlag Wissenschaft und Politik 1981
＊Peter-Ferdinand Koch "Das Schalck Imperium" Piper 1992
＊Manfred Schell / Werner Kalinka "STASI" Ullstein 1991
＊Ines Veith "Die Frau vom Checkpoint Charlie" Knauer 2006
＊Arno Surminski "Flucht und Vertreibung" Ellert & Richer Verlag

＊Hans Lemberg / K.Erik Franzen “Die Vertriebenen” Propyläen 2001
＊Volkhard Bode / Gerhard Kaiser “RAKETENSPUREN” Bechtermuenz Verlag 1998
＊Paul Rugenstein “Teheran, Jalta, Potsdam Konferenzdokumente der Sowjetunion 1-3” Paul Rugenstein Verlag 1986
＊Werner Digel “Meyers Illustrierte Weltgeschichte” Meyers Lexikonverlag 1973
＊H.P.Willmott / Robin Cross / Charles Messinger “Der Zweite Weltkrieg” Gerstenberg Verlag
＊Stefan Lorant “SIEG HEIL!” Zweitausendeins・FFM 1974
＊Sebastian Haffner “Von Bismarck zu Hitler: Ein Rückblick” Droemer/Knaur 2009
＊Gordon W・Frange usw “Geheime Kommandosache” Das Beste 1965
＊Jara / Pond usw. “Der gefesselte Riese” Econ Verlag 1981　その他
＊小堀桂一郎「宰相鈴木貫太郎」文藝春秋　１９８２年
＊小堀桂一郎「東京裁判の呪ひ」ＰＨＰ研究所　１９９７年
＊江藤淳「忘れたことと忘れさせられたこと」文藝春秋　１９７９年
＊斎藤充功「昭和史発掘　幻の特務機関『ヤマ』」新潮新書　２００３年

＊黒井文太郎「日本の情報機関」講談社＋α新書　2007年
＊吉田一彦「無条件降伏は戦争をどう変えたか」PHP新書　2004年
＊阿川弘之「井上成美」新潮文庫　1992年
＊高橋紘・鈴木邦彦「天皇家の密使たち―占領と皇室」文春文庫　1989年
＊鈴木正男「昭和天皇の御巡幸」展転社　1992年
＊加藤進「昭和の御巡幸」「聖帝昭和天皇をあおぐ」明成社
＊郷田豊「世界に学べ！　日本の有事法制」芙蓉書房出版　2002年
＊落合道夫「スターリンの国際戦略から見る大東亜戦争と日本人の課題」東京近代史研究所　2007年
＊若宮健「打ったらハマる　パチンコの罠」社会批評社　2006年
＊共同通信社社会部編「沈黙のファイル」共同通信社　1996年
＊宇山会　草地貞吾先生・五年祭記念事業『追悼集』宇山会・出版委員会　2008年
＊「今村均大将遺稿と追想文集」今村大将記念事業の会編
＊クライン孝子「自由買い」文藝春秋　1987年　その他
＊クライン孝子「どうする日本の女性政策」海竜社　2015年

＊雑誌
「表現者」「文藝春秋」「正論」「ＳＡＰＩＯ」「Ｖｏｉｃｅ」「新潮45」「Der Spiegel」「Focus」　その他
＊新聞
「産経新聞」「読売新聞」「毎日新聞」「國民新聞」“Die Welt”“Frankfurter Allgemeine Zeitung”“Die Tageszeitung”“Hamdelsblatt”“Frankfurter Rundschau”　その他
＊ネット
「東アジア黙示録」「国際派日本人養成講座」「甦れ美しい日本」「軍事情報」　その他
＊テレビ
“ARD”“ZDF”“ARTE”“3Sat”“PHOENIX”“CNN”“BBC”　その他

切りとり線

★読者のみなさまにお願い

この本をお読みになって、どんな感想をお持ちでしょうか。祥伝社のホームページから書評をお送りいただけたら、ありがたく存じます。今後の企画の参考にさせていただきます。また、次ページの原稿用紙を切り取り、左記編集部まで郵送していただいても結構です。

お寄せいただいた「１００字書評」は、ご了解のうえ新聞・雑誌などを通じて紹介させていただくこともあります。採用の場合は、特製図書カードを差しあげます。

なお、ご記入いただいたお名前、ご住所、ご連絡先等は、書評紹介の事前了解、謝礼のお届け以外の目的で利用することはありません。また、それらの情報を6カ月を超えて保管することもありません。

〒１０１―８７０１（お手紙は郵便番号だけで届きます）
祥伝社　書籍出版部　編集長　萩原貞臣
電話０３（３２６５）１０８４
祥伝社ブックレビュー　http://www.shodensha.co.jp/bookreview/

◎本書の購買動機

＿＿＿新聞の広告を見て	＿＿＿誌の広告を見て	＿＿＿新聞の書評を見て	＿＿＿誌の書評を見て	書店で見かけて	知人のすすめで

１００字書評

敗戦国・日本とドイツ　戦後70年でなぜ差がついたのか

住所

名前

年齢

職業

敗戦国《はいせんこく》・日本《にほん》とドイツ
戦後《せんご》70年《ねん》でなぜ差《さ》がついたのか

平成27年11月10日　初版第1刷発行

著　者　クライン孝子《たかこ》
発行者　竹内和芳
発行所　祥《しよう》伝《でん》社《しや》
〒101-8701
東京都千代田区神田神保町3-3
☎03(3265)2081(販売部)
☎03(3265)1084(編集部)
☎03(3265)3622(業務部)
印　刷　萩原印刷
製　本　積信堂

ISBN978-4-396-61536-9 C0036　Printed in Japan
祥伝社のホームページ・http://www.shodensha.co.jp/

祥伝社のベストセラー

敬友録 「いい人」をやめると楽になる

曽野綾子

心が「すっ」と軽くなる不朽のロングセラー。●人は必ず誰かに好かれ、誰かに嫌われている
●性悪説のすすめ●誰も恨まないで死ぬために…… 文庫版

安心録 「ほどほど」の効用

曽野綾子

ベストセラー『「いい人」をやめると楽になる』待望の第2弾！ 失敗してもいい、
言い訳してもいい、さぼってもいい、ベストでなくてもいい、息切れしない〈つきあい方〉 文庫版

幸福録 ないものを数えず、あるものを数えて生きていく

曽野綾子

数え忘れている「幸福」はないですか？ 人生を豊かにする〝珠玉の言葉〟シリーズ。
半世紀にわたる作家生活から選《え》りすぐった、人生を豊かにする言葉たち。 文庫版